Recht

Tino Zirkenbach

STARK

© 2021 Stark Verlag GmbH
www.stark-verlag.de

Das Werk und alle seine Bestandteile sind urheberrechtlich geschützt. Jede vollständige oder teilweise Vervielfältigung, Verbreitung und Veröffentlichung bedarf der ausdrücklichen Genehmigung des Verlages. Dies gilt insbesondere für Vervielfältigungen, Mikroverfilmungen sowie die Speicherung und Verarbeitung in elektronischen Systemen.

Inhalt

3   Was erwartet mich?

GRUNDLAGEN UNSERER RECHTSORDNUNG

4   Recht und Gerechtigkeit

6   Recht in Deutschland

STRAFRECHT

8   Straftheorie

10   Aufbau einer Straftat

12   Schuld, Strafe und Gerechtigkeit

RECHTSTECHNISCHE GRUNDLAGEN

14   Aufbau und Systematik des BGB

16   Normenanalyse

18   Subsumtion

20   Fallbearbeitung im Gutachtenstil (Beispiel)

22   Schuldverhältnisse

24   Abstraktionsprinzip: Kaufhandlung

26   Beschränkte Geschäftsfähigkeit

28   Ungerechtfertigte Bereicherung

Inhalt

EIGENTUMSORDNUNG

30 Eigentum und Besitz

32 Eigentumserwerb

RECHT DER LEISTUNGSSTÖRUNGEN

34 Leistungspflichten und Leistungsstörungen

36 Rechtsfolgen und Voraussetzungen

38 Allgemeine Prüfschemata

40 Schutzpflichten und vorvertragliche Pflichten

42 Verspätung der Leistung

44 Fallbeispiele: Verspätung der Leistung

46 Mangelhafte Leistung beim Kauf

48 Rechte des Käufers bei Sachmangel (I)

50 Rechte des Käufers bei Sachmangel (II)

VERBRAUCHERSCHUTZ VS. VERTRAGSFREIHEIT

52 Verbraucherschutz

54 Besondere Vertriebsformen

Überblick: Schuldverhältnisse

Buchtipps:

Abitur-Training: Wirtschaft/Recht – Recht, Bayern, STARK Verlag, Best.-Nr. 94853D

Original-Prüfungsaufgaben: Abiturprüfung Bayern – Wirtschaft/Recht, STARK Verlag, Best.-Nr. 95851

Was erwartet mich?

Recht ist ein sehr komplexes Fachgebiet. Es ist daher nicht immer leicht, den **Überblick** zu behalten. Ihnen dabei zu helfen, ist das Hauptanliegen des vorliegenden Büchleins, das nach dem **Doppelseiten-Prinzip** aufgebaut ist.

- **Alle Themenbereiche** werden in der Regel auf jeweils zwei Seiten in knappen Stichpunkten sehr übersichtlich dargestellt.
- Jedes Thema beginnt mit einem **Schaubild**, das ein schnelles Erfassen wichtiger Punkte ermöglicht und zentrale Merkmale veranschaulicht.
- **Kurze Hinweise („Übrigens…")** neben jedem Schaubild beziehen sich jeweils auf wissenswerte und interessante Zusatzinformationen.
- Die **Gliederung** des Büchleins folgt den **inhaltlichen Schwerpunkten** des Lehrplans, um eine zielgerichtete Vorbereitung auf das Abitur zu gewährleisten:
  - Das erste Kapitel umfasst die **Grundlagen unserer Rechtsordnung**, die zum Grundwissen gehören und Ihnen ein gewisses Rechtsverständnis vermitteln.
  - Das zweite Kapitel beschäftigt sich mit dem Thema **Strafrecht**. Dabei wird der Zweck von Strafe anhand verschiedener Theorien hinterfragt und die Voraussetzungen für das Vorliegen einer Straftat werden geprüft. Bei der Darstellung der Rechtsfolgen werden zentrale Grundsätze der Strafzumessung aufgeführt.
  - Das Kapitel **Rechtstechnische Grundlagen** vermittelt ausgehend vom Aufbau des BGB und zentraler Prinzipien den richtigen Umgang mit Normen anhand der **Subsumtionstechnik**, die wiederum wichtiger Bestandteil der Fallbearbeitung im **Gutachtenstil** ist. Darüber hinaus werden zentrale Anspruchsgrundlagen rund um das Thema „schuldrechtliche Verträge" und die damit verbundenen Frage- und Problemstellungen dargestellt.
  - Im Kapitel **Eigentumsordnung** werden Eigentum und Besitz juristisch unterschieden und der Eigentumserwerb aus rechtlicher Sicht betrachtet. Wichtig ist hierbei insbesondere der „gutgläubige Eigentumserwerb", der häufig Bestandteil von Fallkonstellationen ist.
  - Im Kapitel **Recht der Leistungsstörungen** geht es um die verschiedenen Arten der Pflichtverletzung und die daraus resultierenden möglichen Rechtsfolgen, die an unterschiedliche Anspruchsvoraussetzungen geknüpft sind. Hier werden allgemeine Prüfschemata übersichtlich dargestellt und am Beispiel veranschaulicht.
  - Das letzte Kapitel beschäftigt sich mit dem Spannungsverhältnis **Verbraucherschutz vs. Vertragsfreiheit**. Der Gesetzgeber greift in bestimmten Fällen und bei einzelnen Vertriebsformen in die grundsätzliche Vertragsfreiheit ein, um den Verbraucher z. B. vor unüberlegten Entscheidungen oder gesundheitlichen Gefährdungen zu schützen.

Hinweis: Soweit nicht anders vermerkt, beziehen sich alle §§-Angaben auf das BGB.

Der STARK Verlag wünscht Ihnen bei der Arbeit mit dem Buch viel Freude und für das Abitur viel Erfolg!

4 Recht und Gerechtigkeit

Auf einen Blick

> **Ü**brigens ... Totalitäre Staaten missachten das Naturrecht und legitimieren Unrecht durch positives Recht (vgl. Nazi-Regime).

Recht

Naturrecht → **positives Recht**

- „von Natur aus"
- unveräußerliche Rechte (vgl. Art. 1 GG)
- → übergeordnet

- „gesetztes Recht"
- Grundsatz: „Gesetz ist Gesetz" (z. B. BGB, StGB)

Rechtsfunktionen

- Erziehung • Ordnung • Schutz
- Ausgleich • Abschreckung / Strafe

Gerechtigkeit „Justitia"

- Gleichheit
- Billigkeit
- Rechtssicherheit

Funktionen des Rechts

- zentrale Funktion: **Friedensfunktion** → Konflikte und Streitfälle im Zusammenleben erfordern ein Rechtssystem bzw. eine Rechtsordnung zur Wahrung eines friedvollen, geordneten, gesicherten und freien Zusammenlebens.
- **Erziehungsfunktion:** z. B. Bußgeld bei Geschwindigkeitsüberschreitung im Straßenverkehr, beschränkte Geschäftsfähigkeit Minderjähriger
- **Ordnungs-/Konfliktlösungsfunktion:** z. B. Straßenverkehrsordnung, Verbot/Einschränkung vergleichender Werbung (§ 6 UWG)
- **Schutzfunktion:** z. B. Jugendschutzgesetz (auch Erziehungsfunktion), Schutz bestimmter Rechtsgüter (z. B. Eigentum, Gesundheit), Arbeitsschutzgesetz
- **Ausgleichsfunktion:** z. B. Anspruch auf Schadensersatz aus unerlaubter Handlung (vgl. S. 19 ff.)
- **Straf-/Abschreckungsfunktion:** z. B. Strafen für Verbrechen und Vergehen (vgl. StGB)

Dimensionen der Gerechtigkeit als oberstes Ziel der Rechtsordnung

- **Gleichheit:** Gleichbehandlung vor dem Gesetz unabhängig von der Person (z. B. unabhängig von Vermögen, Geschlecht, Religion, Herkunft) → **generalisierende Gerechtigkeit** (vgl. Justitia – Augenbinde)

GRUNDLAGEN UNSERER RECHTSORDNUNG

- **Billigkeit:** Angemessenheit und Verhältnismäßigkeit bei der Anwendung von Rechtsnormen (z. B. Kinder vs. Erwachsene, Wiederholungstäter) → **individualisierende Gerechtigkeit**, d. h. Gerechtigkeit im Einzelfall (vgl. Justitia – Waage)
- **Rechtssicherheit/Durchsetzbarkeit** (vgl. Justitia – Schwert):
  - **niedergeschriebenes Recht** als Grundlage (vgl. z. B. BGB, StGB)
  - **beständiges, verlässliches** und **eindeutig formuliertes** Recht
  - *Beispiel:* Eine Tat kann nur bestraft werden, wenn die Strafbarkeit gesetzlich bestimmt war, bevor die Tat begangen wurde („keine Strafe ohne Gesetz", § 1 StGB).

Merkmale der Rechtsstaatlichkeit (Art. 28 I 1 GG)

- **Rechtsbindung** (Art. 20 III GG): Die Gesetzgebung ist an die verfassungsmäßige Ordnung, die vollziehende Gewalt und die Rechtsprechung sind an Gesetz und Recht gebunden.
- **Gewaltenteilung:** Legislative, Exekutive, Judikative
- **Gleichheit** vor dem Gesetz (Art. 3 I GG)
- **Unabhängigkeit der Gerichte** (Art. 97 I GG): Richter sind unabhängig und nur dem Gesetze unterworfen.
- **Rechtssicherheit** (z. B. Art. 103 II GG): Verlässlichkeit, Durchsetzung des Rechts

Naturrechtslehre und Rechtspositivismus

- unterschiedliche Ansätze in der Begründung einer allgemeinen Rechtsordnung und deren Gesetze (Rechtsphilosophie)
- **Naturrecht** (= überpositives Recht): **Jeder Mensch** (unabhängig von Geschlecht, Alter, Herkunft etc.) hat von Geburt an aufgrund seines „Menschseins" **unveräußerliche Rechte** („von Natur aus"), z. B. Freiheit, Leben, körperliche Unversehrtheit. Grundsatz: Recht ist **nicht vom Menschen gemacht** → vgl. Menschenrechte
- **Rechtspositivismus** (= positives Recht): Die Rechte des Einzelnen **leiten** sich vom „positiven Recht" als vom **Gesetzgeber gesetztes/geschriebenes Recht ab**. Grundsatz: „Gesetz ist Gesetz" → vgl. BGB, StGB, HGB etc.
- Verankerung der **Naturrechtslehre im Grundgesetz** und in der **Bayerischen Verfassung** (BV) → Überpositive Grundsätze wurden zum Gesetz und damit zum positiven Recht erhoben:
  - **Art. 1 I 1 GG:** Die Würde des Menschen ist unantastbar.
  - **Art. 6 II GG:** Pflege und Erziehung der Kinder sind das natürliche Recht der Eltern und die zuvörderst ihnen obliegende Pflicht.
  - **Art. 19 II GG:** In keinem Falle darf ein Grundrecht [Art. 1 – 19 GG] in seinem Wesensgehalt angetastet werden. (Verletzung der Grundrechte → Verfassungsbeschwerde an das Bundesverfassungsgericht)
  - **Art. 100 BV:** Die Würde des Menschen ist unantastbar. Sie zu achten und zu schützen ist Verpflichtung aller staatlichen Gewalt.
  - **Art. 102 I BV:** Die Freiheit der Person ist unverletzlich.
  - **Art. 99 BV:** Die Verfassung dient dem Schutz und dem geistigen und leiblichen Wohl aller Einwohner. Ihr Schutz gegen Angriffe von außen ist gewährleistet durch das Völkerrecht, nach innen durch die Gesetze, die Rechtspflege und die Polizei.

GRUNDLAGEN UNSERER RECHTSORDNUNG

6 Recht in Deutschland

Auf einen Blick

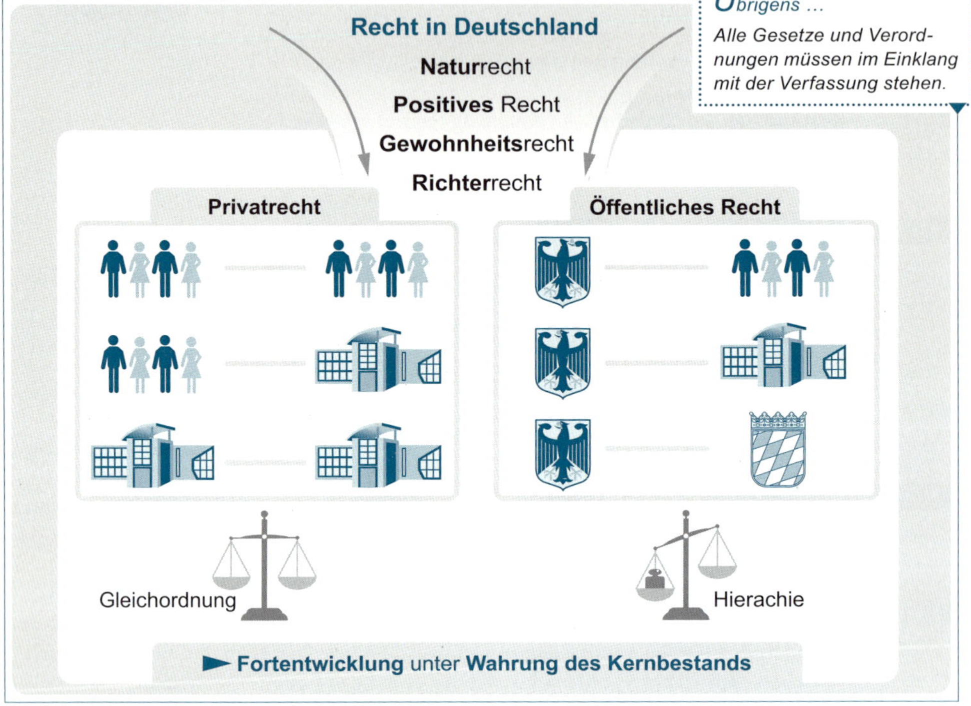

Recht in Deutschland
- **Natur**recht
- **Positives** Recht
- **Gewohnheits**recht
- **Richter**recht

Übrigens ... Alle Gesetze und Verordnungen müssen im Einklang mit der Verfassung stehen.

Privatrecht — Gleichordnung

Öffentliches Recht — Hierachie

▶ **Fortentwicklung** unter **Wahrung des Kernbestands**

Rechtsquellen

- **positives Recht:**
  - entsteht durch **Gesetzgebungsverfahren** (= gesetztes Recht)
  - gesetztes Recht / **geschriebenes** Recht → Kodifikation
  - Anpassung der Rechtsnormen im Zeitverlauf → **veränderbar**
  - *Beispiele:* BGB, Zivilprozessordnung
- **Gewohnheitsrecht:**
  - basiert auf langwierigen Gewohnheiten / Traditionen / Übungen
  - **ungeschriebenes Recht**, das dem geschriebenen Recht in seiner Wirkung gleicht
  - *opinio iuris:* von den Beteiligten als **rechtsverbindlich** anerkannt
  - *Beispiel:* Wegerecht bei Grundstücken
- **Richterrecht:**
  - entsteht durch **Rechtsprechung**
  - höhere Instanz entscheidet, untere Instanzen entscheiden bei gleichartigen Fällen ähnlich → „Vorbildfunktion" der Urteile (sog. **Präzedenzfälle**) als eigenes Recht durch **Richterspruch**

 GRUNDLAGEN UNSERER RECHTSORDNUNG

- Gesetzeslücken werden gefüllt bzw. konkretisiert; abstrakte Rechtsnormen entstehen im Zuge der Fortentwicklung des Rechts
- v. a. im anglo-amerikanischen Raum
- *Beispiele:* Grundsatzentscheidungen des Bundesgerichtshofs (BGH)

Gliederung des deutschen Rechts

Privates Recht

- **Rechtsbeziehungen:** Bürger – Bürger, Bürger – Unternehmen, Unternehmen – Unternehmen
- **Verhältnis: Gleichberechtigung** der Vertragsparteien bei der Gestaltung ihrer Rechtsbeziehungen (Gleichordnung)
- **Rechtsvorschriften/Gesetze: dispositives Recht** (= abdingbares Recht), d. h. gesetzliche Regelungen, von denen im Einzelfall durch Vertrag abgewichen werden kann
- *Beispiele:* Bürgerliches Recht (BGB), Handelsrecht (HGB), Urheberrecht (UrhG)

Öffentliches Recht

- **Rechtsbeziehungen:** Staat – Bürger, Staat – Unternehmen, Staat – Staat (z. B. Bund – Länder)
- **Verhältnis:** Hoheitsträger sind im Rahmen der Gesetze den Bürgern und Unternehmen **übergeordnet** (Über-/Unterordnung)
- **Rechtsvorschriften/Gesetze: zwingendes Recht** (= unabdingbares Recht), d. h. Rechtsvorschriften, von denen nicht durch Vertrag abgewichen werden kann
- *Beispiele:* Staats- und Verfassungsrecht (Grundgesetz), Strafrecht (StGB), Kirchenrecht

Fortentwicklung des Rechts

- Gesetze müssen weiterentwickelt und angepasst werden:
  - **Wertewandel** in der Gesellschaft, **politische Veränderungen**, Harmonisierung des europäischen Rechts
  - **technologischer Fortschritt:** Internet, Drohnen, autonomes Fahren
  - **Internationalisierung der Wirtschafts- und Rechtsbeziehungen** durch globale Vernetzung
  - **verändertes Rechtsbewusstsein** (z. B. Abtreibung, Umweltschutz)
- Weiterentwicklung und Anpassung der Gesetze durch den Gesetzgeber:
  - **Änderung** einzelner Paragrafen/Artikel: z. B. Berücksichtigung der gleichgeschlechtlichen Ehe seit 2017 in § 1353 BGB (Eheliche Lebensgemeinschaft); Anpassung und „Verschärfung" des § 241 StGB (Bedrohung) infolge von Hass und Hetze im Internet
  - **Streichen** von Paragrafen/Artikeln: z. B. bis 1974: § 220 StGB – Angebot der Durchführung von Abtreibungen als Straftatbestand
  - **Einfügen** zusätzlicher, **neuer Paragrafen** in ein bestehendes Gesetz: z. B. § 184 k StGB – Verletzung des Intimbereichs durch Bildaufnahmen
  - **Verabschiedung neuer Gesetze:** z. B. Gesetz zum Aufbau einer gebäudeintegrierten Lade- und Leitungsinfrastruktur für E-Mobilität (GEIG)
- **Unantastbarkeit** der **Grundwerte**, die sich im **Kern der Verfassung** wiederfinden

GRUNDLAGEN UNSERER RECHTSORDNUNG

Straftheorie

Auf einen Blick

Strafrecht zum Schutz ...
- der individuellen Rechtsgüter
- des Rechtsstaats
- des Gemeinschaftslebens

Übrigens ... § 46 I StGB spiegelt die Orientierung des deutschen Strafrechts an der absoluten Straftheorie und an der Spezialprävention wider.

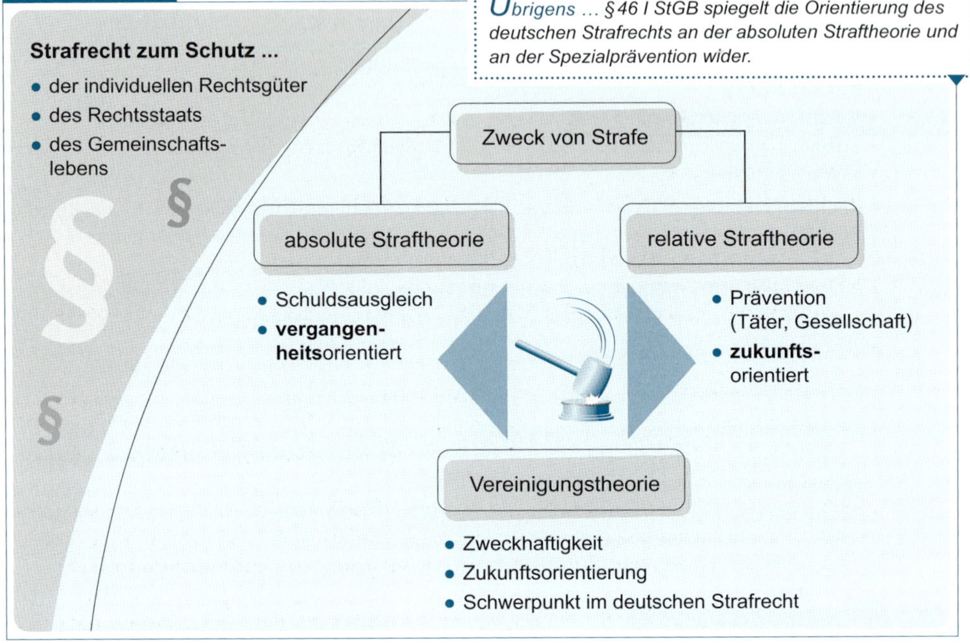

Zweck von Strafe

absolute Straftheorie
- Schuldsausgleich
- **vergangen**heitsorientiert

relative Straftheorie
- Prävention (Täter, Gesellschaft)
- **zukunfts**orientiert

Vereinigungstheorie
- Zweckhaftigkeit
- Zukunftsorientierung
- Schwerpunkt im deutschen Strafrecht

Strafrecht: Einordnung und Ziele

- Stellung des Strafrechts im Rechtssystem: Teil des Öffentlichen Rechts, unterteilt in:
  - **materielles Strafrecht** (inhaltlich; Hauptgesetz: **Strafgesetzbuch StGB**, aber auch Nebengesetze wie z. B. Betäubungsmittelgesetz): Beschreibung der Voraussetzungen der Strafbarkeit und der Rechtsfolgen
  - **formelles Strafrecht** (prozessual; v. a. Strafprozessordnung): Strafverfahrensrecht, Durchsetzung des materiellen Strafrechts
  - mögliche Strafen: **Geldstrafe, Freiheitsstrafe** (ggf. auf Bewährung, vgl. §§ 56, 56 a StGB)
- primäre **Ziele**:
  - **Schutz bestimmter Rechtsgüter des Einzelnen**, z. B. Leben (Straftaten gegen das Leben, vgl. §§ 211–222 StGB), Körper (Straftaten gegen die körperliche Unversehrtheit, vgl. §§ 223–231 StGB), Freiheit (Straftaten gegen die persönliche Freiheit, vgl. §§ 232–241a StGB), Eigentum (z. B. Diebstahl und Unterschlagung, vgl. §§ 242–248c StGB), weitere spezielle Persönlichkeitsrechte (z. B. Urheberrechtsgesetz)
  - **Schutz des demokratischen Rechtsstaats** sowie elementarer **Werte des Gemeinschaftslebens** (Regelung und Sicherung des Zusammenlebens der Menschen in einer Gemeinschaft), z. B. Gefährdung des demokratischen Rechtsstaats (vgl. §§ 84–91a StGB) oder Widerstand gegen die Staatsgewalt (vgl. §§ 110–122 StGB)

STRAFRECHT

Straftheorie

Straftheorien, Strafzwecke, Strafen

Absolute Straftheorie

- dient dem **Schuldausgleich** und der **Wiederherstellung von Gerechtigkeit** (vergangenheitsorientiert)
- **Vergeltung:** Unrecht durch die Strafe aufwiegen → Herstellen der Rechtsordnung
- **Sühne:** Täter soll sich durch Buße wieder mit der Rechtsordnung „versöhnen"
- **Wiedergutmachung**
- **Strafbemessung:** Höhe der Strafe richtet sich nach der begangenen Tat
- **Kritik:**
  – nicht alle Taten lassen sich vergelten, z. B. (Massen-)Mord
  – Strafe auch dann, wenn gesellschaftlich nicht notwendig
  – Sozialisationsschäden: Verbrecher stellt ggf. weiterhin eine Gefahr für die Gesellschaft dar

Relative Straftheorie

- dient der **Verhinderung** zukünftiger Straftaten; ist **präventiv** orientiert (zukunftsgerichtet)
- **Generalprävention:**
  – **positive Generalprävention:** Vertrauen der Bürger in die Rechtsordnung soll gestärkt werden (Lern-, Vertrauens- und Befriedigungseffekt)
  – **negative Generalprävention:** Abschreckung der Gesellschaft vor der Begehung einer Straftat; **Kritik:** hohe Strafen zur Abschreckung der Gesellschaft ohne das Schuldprinzip zu beachten; ausbleibende Abschreckung (Straftaten erfolgen häufig durch spontanen Entschluss)
- **Spezialprävention:**
  – **positive Spezialprävention:** Besserung und Resozialisierung des Täters; **Kritik:** Frage offen, wie mit Tätern umzugehen ist, die sich nicht resozialisieren lassen
  – **negative Spezialprävention:** Schutz der Allgemeinheit vor dem Täter; Sicherung und Abschreckung des Täters, z. B. durch Sicherungsverwahrung; **Kritik:** Frage offen, wie lange der Täter über die abgesessene Strafe hinaus „gesichert" werden darf

Vereinigungstheorie: Täter-Opfer-Ausgleich (vgl. § 46 a StGB)

- verbindet **Elemente aus absoluter und relativer Straftheorie**
- Aufarbeitung der Tat **zwischen Täter und Opfer**
- **Ziele:**
  – Befriedigung des Konflikts
  – Schaffen einer einvernehmlichen Regelung zur Wiedergutmachung, die die Anliegen beider Seiten berücksichtigt
  – Reduzierung weiterer Konflikte und Folgen (präventiv)
- **Probleme:**
  – Wiedergutmachung bei Tötungsdelikten nicht möglich
  – keine Aufarbeitung infolge weiterer Straftaten
  – Kommunikation zwischen Opfer und Täter notwendig → Konfrontation/Unbehagen

Aufbau einer Straftat

Auf einen Blick

Straftat

Übrigens ... Mögliche Gründe, die gegen eine Schuldfähigkeit sprechen, sind meist psychische Störungen.

Tatbestandsmäßigkeit

Beispiel: A schlägt B mit der Faust ins Gesicht.
→ **strafbar**

Liegt eine **strafbare Handlung** gem. StGB vor?

- **objektiv** (objektive Tatbestandsmerkmale)
- **subjektiv** (Vorsatz: Wissen und Wollen)

Rechtswidrigkeit

Beispiel: A tut dies, weil er B nicht leiden kann.
→ **rechtswidrig**

Gibt es **Rechtfertigungsgründe**?
- Notwehr
- Notstand
- Einwilligung

Schuld

Beispiel: A (31 Jahre) ist sich völlig im Klaren, dass er B damit verletzt.
→ **schuldfähig**

Gibt es **Schuldausschließungsgründe**?
- Schuldunfähigkeit
- bedingte Schuldfähigkeit
- volle Schuldfähigkeit

Tatbestandsmäßigkeit

Tatbestandsmäßigkeit = alle **Voraussetzungen eines Straftatbestands** sind erfüllt

Erster Schritt: Prüfung des objektiven Tatbestands („äußere Merkmale")

- **Vorliegen einer Handlung:** Handlung = willensgetragenes, bewusst vom Ziel her gelenktes (zweckgerichtetes) menschliches Verhalten (Tun oder Unterlassen)
- **Verwirklichung** aller deliktsspezifischen **objektiven Tatbestandsmerkmale**
  Beispiel: A schlägt B mit der Faust ins Gesicht. B hat eine Platzwunde am Auge. → § 223 StGB Körperverletzung
- **Kausalität** (bei Erfolgsdelikten): Ursache-Wirkungs-Zusammenhang zwischen Handlung und Erfolg; Erfolg wurde durch Handlung verursacht (*conditio-sine-qua-non*-Formel, Äquivalenztheorie); im *Beispiel:* Wenn A den B nicht mit der Faust ins Gesicht geschlagen hätte, hätte B keine Platzwunde erlitten.
- *(objektive Zurechenbarkeit bei Erfolgsdelikten; im Beispiel: Die Tat ist dem A objektiv zurechenbar.)*

Aufbau einer Straftat

Zweiter Schritt: Prüfung des subjektiven Tatbestands („innere Gegebenheiten")

- keine Legaldefinition, aber § 15 StGB: **Strafbar ist nur vorsätzliches Handeln**, wenn nicht das Gesetz fahrlässiges Handeln explizit mit Strafe bedroht.
- **Vorsatz:** Wille zur Verwirklichung eines Straftatbestands in Kenntnis aller seiner Tatumstände bei Begehung der Tat, kurz: **Wissen und Wollen** der Tatbestandsverwirklichung
  - **Wissen:** Der Täter ist sich sicher, dass der Erfolg durch die tatbestandliche Handlung eintritt und es zur Tatbestandsverwirklichung kommen wird.
  - **Wollen:** Dem Täter kommt es gerade auf den Eintritt des Erfolgs an; sein Wille richtet sich somit auf die Verwirklichung bzw. Herbeiführung des Tatbestands.
- **Ausnahme: Tatbestandsirrtum** gem. § 16 StGB (Irrtum über Tatumstände)
  Beispiel: A geht abends im Wald spazieren. B ist Jäger, schießt A an und verletzt ihn schwer, weil er ihn im Dämmerlicht irrtümlich für einen Hirsch hielt. → keine Körperverletzung nach § 223 StGB, aber fahrlässige Körperverletzung nach § 229 StGB

Rechtswidrigkeit

- **Definition:** Verhalten, das den Tatbestand eines Strafgesetzes verwirklicht, d. h. im **Widerspruch zur Rechtsordnung** steht
- Ausnahmen können folgende **Rechtfertigungsgründe** sein:
  - **Notwehr** (vgl. § 32 StGB): Notwehrlage (gegenwärtiger rechtswidriger Angriff), Notwehrhandlung (Verteidigung, die erforderlich ist, um den Angriff abzuwehren) → wichtig: **Verhältnismäßigkeit der Mittel** und **Verteidigungswille**
  - **rechtfertigender Notstand** (vgl. § 34 StGB): Notstandssituation (gegenwärtige Gefahr für ein Rechtsgut), Notstandshandlung (Handlung, die erforderlich ist, um die Gefahr abzuwenden), Rettungswille (Wille, die Gefahr abzuwenden)
  - **Einwilligung** (vgl. § 228 StGB): *Beispiel:* Unterschrift des (volljährigen) Patienten vor einer Operation; **aber:** kein Verstoß gegen die guten Sitten erlaubt!

Schuld

- **Definition:** individuelle Vorwerfbarkeit
- **Schuldausschließungsgründe bzw. verminderte Schuldfähigkeit:**
  - Schuldunfähigkeit von **Kindern** (bis einschließlich 13 Jahre)
  - Schuldunfähigkeit wegen **seelischer Störungen** (vgl. § 20 StGB)
  - **verminderte** Schuldfähigkeit wegen seelischer Störungen (vgl. § 21 StGB i. V. m. § 20 StGB)
  - entschuldigender **Notstand** (vgl. § 35 StGB)
  - Überschreitung der Notwehr aus **Verwirrung, Furcht** oder **Schrecken** (vgl. § 33 StGB)

STRAFRECHT

12 Schuld, Strafe und Gerechtigkeit

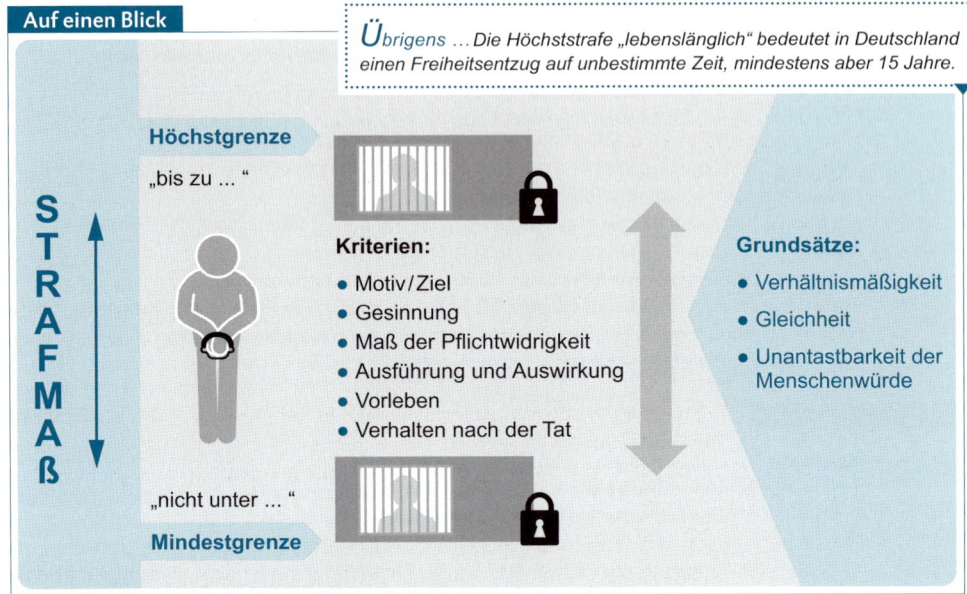

Auf einen Blick

Übrigens ... Die Höchststrafe „lebenslänglich" bedeutet in Deutschland einen Freiheitsentzug auf unbestimmte Zeit, mindestens aber 15 Jahre.

STRAFMAß

Höchstgrenze
„bis zu ... "

Kriterien:
- Motiv/Ziel
- Gesinnung
- Maß der Pflichtwidrigkeit
- Ausführung und Auswirkung
- Vorleben
- Verhalten nach der Tat

Grundsätze:
- Verhältnismäßigkeit
- Gleichheit
- Unantastbarkeit der Menschenwürde

„nicht unter ... "
Mindestgrenze

Grundsätze der Strafzumessung

- Verhängung einer **gerechten und angemessenen Strafe** innerhalb der Höchst- und Mindestgrenzen des **gesetzlichen Strafrahmens**, z. B.:
  - Totschlag mit Freiheitsstrafe **nicht unter** fünf Jahren
  - Betrug mit Freiheitsstrafe **bis zu** fünf Jahren oder mit Geldstrafe
  - Mord mit **lebenslanger** Freiheitsstrafe
- Beachtung und Bindung an **verfassungsrechtliche Vorgaben** bei der Festlegung des Strafmaßes, z. B.:
  - Grundsatz der **Verhältnismäßigkeit (Billigkeit)**
  - **Gleichheitsgrundsatz**
  - Unantastbarkeit der **Menschenwürde**
- Grundlage für die Strafzumessung (§ 46 I StGB): **Schuld** des Täters und **Wirkung** der Strafe
- konkrete **Grundsätze der Strafzumessung** (§ 46 II S. 2 StGB): Betrachtung ...
  - der **Beweggründe** und der **Ziele** des Täters; besonders auch rassistische, fremdenfeindliche, antisemitische und sonstige menschenverachtende Ziele
  - der **Gesinnung**, die aus der Tat spricht, und des bei der Tat **aufgewandten Willens**
  - des **Maßes der Pflichtwidrigkeit**
  - der **Art der Ausführung** und der **verschuldeten Auswirkungen** der Tat
  - des **Vorlebens** des Täters (persönliche und wirtschaftliche Verhältnisse)
  - des **Verhaltens nach der Tat**, besonders des Bemühens des Täters, den Schaden wiedergutzumachen sowie einen Ausgleich mit dem Opfer zu erreichen

STRAFRECHT

Schuld, Strafe und Gerechtigkeit

Rechtsfolgen einer Straftat

- **Strafen:**
  - **Hauptstrafen:** z. B. Freiheitsstrafe (§§ 38 f. StGB), Geldstrafe (§ 40 StGB)
  - **Nebenstrafen:** z. B. Fahrverbot (§ 44 StGB), Einziehung von Gegenständen (§§ 74 ff. StGB)
- **Auflagen** (§ 56 b StGB): z. B.
  - Schadenswiedergutmachung
  - Täter-Opfer-Ausgleich
- **Maßregeln zur Besserung und Sicherung** (§ 61 StGB): z. B.
  - Berufsverbot
  - Entzug der Fahrerlaubnis
  - Psychiatrie

Zusammenhang Schuld, Strafe und Gerechtigkeit

- **Vergehen** (§ 12 II StGB): Mindestmaß weniger als ein Jahr Freiheitsstrafe oder Geldstrafe, z. B. Diebstahl, Bedrohung, Sachbeschädigung
- **Verbrechen** (§ 12 I StGB): Mindestmaß ein Jahr Freiheitsstrafe oder mehr, z. B. Mord, Raub, gefährliche Körperverletzung

	Vergehen	Verbrechen
Straftat	Sachbeschädigung, § 303 StGB	Mord, § 211 StGB
Beispiel	B belegt mit seinem Auto zwei Parkplätze, sodass A nicht mehr in unmittelbarer Nähe parken kann. Wütend auf B, zerkratzt A (einmalig) die Autotür des PKW von B.	A tötet B aus niederen Beweggründen.
Schuld	minderschwere Straftat / mittlerer Unrechtsgehalt	sehr schwere Straftat / sehr hoher Unrechtsgehalt
Strafe	Geldstrafe oder Freiheitsstrafe bis zu zwei Jahren	lebenslange Freiheitsstrafe
Gerechtigkeit	Eine Geldstrafe für A kann in diesem Beispiel als gerecht empfunden werden.	Eine lebenslange Freiheitsstrafe ist für den Mörder eine schuldangemessene Bestrafung.

STRAFRECHT

Aufbau und Systematik des BGB

Auf einen Blick

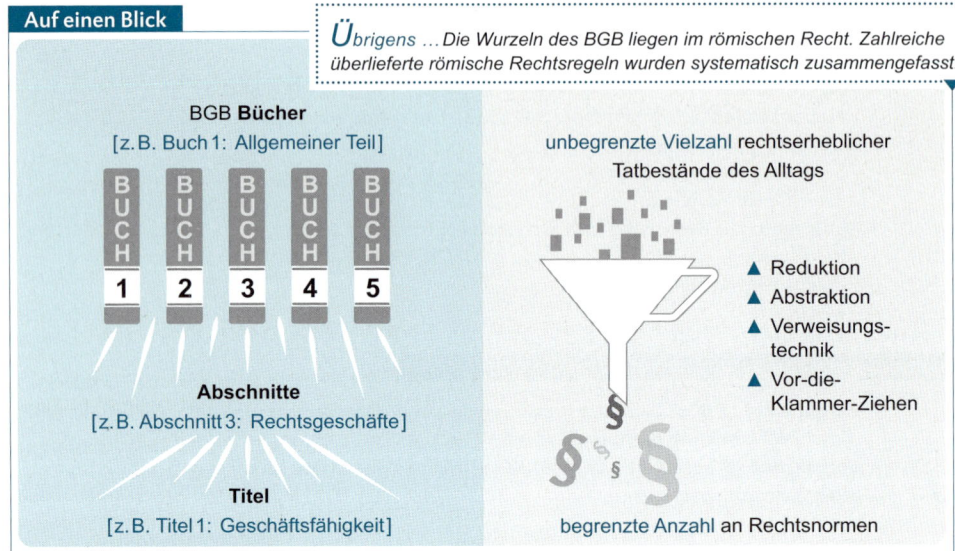

Übrigens ...Die Wurzeln des BGB liegen im römischen Recht. Zahlreiche überlieferte römische Rechtsregeln wurden systematisch zusammengefasst.

Aufbau mit Beispielen

- Gliederung in **Bücher** → **Abschnitte** → **Titel**
- erstes Buch: **Allgemeiner Teil** (§§ 1–240): z. B. *Abschnitt 2*: Sachen und Tiere; *Abschnitt 3*: Rechtsgeschäfte: Geschäftsfähigkeit (*Titel 1*), Willenserklärung (*Titel 2*), Vertrag (*Titel 3*)
- zweites Buch: **Recht der Schulverhältnisse** (kurz: Schuldrecht; §§ 241–853): z. B. *Abschnitt 3*: Schuldverhältnisse aus Verträgen: gegenseitiger Vertrag (*Titel 2*), Rücktritt; Widerrufsrecht bei Verbraucherverträgen (*Titel 5*) mit Untertitel 1: Rücktritt; *Abschnitt 8*: Einzelne Schuldverhältnisse: Kauf, Tausch (*Titel 1*), Schenkung (*Titel 4*), Mietvertrag, Pachtvertrag (*Titel 5*)
- drittes Buch: **Sachenrecht** (§§ 854–1296): z. B. *Abschnitt 1*: Besitz; *Abschnitt 3*: Eigentum: Erwerb und Verlust des Eigentums an beweglichen Sachen (*Titel 3*)
- viertes Buch: **Familienrecht** (§§ 1297–1921): z. B. *Abschnitt 1*: Bürgerliche Ehe; *Abschnitt 2*: Verwandtschaft: Unterhaltspflicht (*Titel 3*), Rechtsverhältnis zwischen den Eltern und dem Kind im Allgemeinen (*Titel 4*), Elterliche Sorge (*Titel 5*), Annahme als Kind (*Titel 7*)
- fünftes Buch: **Erbrecht** (§§ 1922–2385): z. B. *Abschnitt 1*: Erbfolge; *Abschnitt 3*: Testament; *Abschnitt 5*: Pflichtteil

Systematik

- **Reduktionsprinzip:** Regelung einer Vielzahl rechtlich relevanter Fälle des täglichen Lebens über eine einheitlich anzuwendende Rechtsnorm
- je geringer die Anzahl an Rechtsnormen im kodifizierten Recht, desto höher der **Abstraktionsgrad der Normen**, damit möglichst viele Fälle abgedeckt werden

RECHTSTECHNISCHE GRUNDLAGEN

Aufbau und Systematik des BGB

- **Verweisungstechnik:** Schaffung einheitlicher Regelungen und Vermeidung von Wiederholungen durch Verweis auf andere Paragrafen
  - **Rechtsfolgenverweisung:** z. B. § 281 BGB: *(5) Verlangt der Gläubiger Schadensersatz statt der ganzen Leistung, so ist der Schuldner zur Rückforderung des Geleisteten nach den §§ 346 bis 348 berechtigt.*
  - **Rechtsgrundverweisung:** z. B. § 437 BGB: *Ist die Sache mangelhaft, kann der Käufer, wenn die Voraussetzungen der folgenden Vorschriften vorliegen und soweit nicht ein anderes bestimmt ist, 1. nach § 439 Nacherfüllung verlangen (…).*
- **Prinzip des „Vor-die-Klammer-Ziehens":**
  - Regelungen, die für die Bücher 2 bis 5 gelten, werden im 1. Buch (Allgemeiner Teil, AT) zusammengefasst und „ausgeklammert"
  - Anordnung und Aufbau der Bücher 2 bis 5 (Besonderer Teil, BT) folgen dem Grundprinzip **„vom Allgemeinen zum Speziellen"**
- **Grundsatz:** *lex specialis derogat legi generali* → Gibt es zu einem Sachverhalt einen Paragrafen im BGB AT (1. Buch) und einen weiteren, spezifischeren aus dem BGB BT (2. bis 5. Buch), dann ist der spezifischere anzuwenden. Gleiches gilt innerhalb eines Buches.

Abstraktionsgrad

Hoher Abstraktionsgrad

- **Vorteile:**
  - **geringerer Umfang** der Rechtsbücher
  - **breite Abdeckung** gesellschaftlicher, technischer sowie wirtschaftlicher Veränderungen
  - hohe **Rechtssicherheit**, da idealerweise alle denkbaren realen Fälle abgedeckt werden
- **Nachteile:**
  - Probleme hinsichtlich **Verständlichkeit** und **Anwendbarkeit** der Paragrafen (Bürgerliches Gesetzbuch aber für den Bürger gemacht) → Notwendigkeit rechtlicher Beratung
  - geringere **Rechtssicherheit** für Bürger, da sie die Rechtsnorm auf den Einzelfall nicht anwenden bzw. auslegen können
  - **eingeschränkte Gerechtigkeit**, wenn Besonderheiten des Einzelfalls durch einheitliche Normen **nicht mehr angemessen berücksichtigt** werden

Niedriger Abstraktionsgrad

- **Vorteile:**
  - **Verständlichkeit** der Paragrafen
  - **Klarheit** bezüglich des Anwendungsbereichs
  - hohe **Rechtssicherheit** bei den einzelnen erfassten Fällen
- **Nachteile:**
  - große Anzahl konkreter Rechtnormen notwendig, um alle denkbaren Fälle abzudecken → **Unübersichtlichkeit**
  - geringere **Rechtssicherheit** und ggf. **Vertrauensverlust**, da bei gesellschaftlichen, technischen und wirtschaftlichen Veränderungen Lücken im Gesetz entstehen oder häufig **Anpassungen** bzw. **Änderungen** nötig sind → **geringere Gerechtigkeit**, wenn durch Einzelfallregelungen bzw. -entscheidungen keine Gleichbehandlung ähnlicher Fälle gewährleistet ist

RECHTSTECHNISCHE GRUNDLAGEN

Normenanalyse

Auf einen Blick

> *Übrigens* … Um keine Normenverknüpfungen zu vergessen, sollte man sich diese im Gesetzestext neben der entsprechenden Norm notieren.

Beispiel: Schadensersatz aus unerlaubter Handlung

Voraussetzungen/Tatbestandsmerkmale	Rechtsnorm	Ergebnis/Rechtsfolge
WENN 1. Vorsatz oder Fahrlässigkeit 2. Verletzung von Leben **oder** Körper **oder** Gesundheit **oder** Freiheit **oder** Eigentum **oder** sonstiges Recht 3. Widerrechtlichkeit 4. Kausalität: daraus entstehender Schaden	§ 823 I	**DANN** **Ersatz des Schadens**

Arten von Rechtsnormen

- **Definitionsnorm:** enthält eine Begriffsbestimmung, z. B. § 276 II: Fahrlässigkeit, § 2: Eintritt der Volljährigkeit
- **Anspruchsnorm:** enthält einen Anspruch, z. B. § 823 I: Schadensersatzpflicht, § 280 I: Schadensersatz wegen Pflichtverletzung, § 323: Rücktritt

Normenanalyse

- Rechtsnormen enthalten bestimmte **Voraussetzungen** (sog. **Tatbestandsmerkmale**) und ein **Ergebnis** (sog. **Rechtsfolge**).
- i. d. R. „Wenn-Dann-Struktur": Eintreten der Rechtsfolgen nur dann, wenn **alle Tatbestandsmerkmale erfüllt** sind
- Anordnung von Tatbestandsmerkmalen und Rechtsfolge beliebig, vgl. § 823 I (Merkmale → Rechtsfolge) und § 823 II (Rechtsfolgenverweis auf § 823 I → Merkmale)
- mit dem Wort **„und"** verbundene Tatbestandsmerkmale müssen **im Einzelnen alle erfüllt** sein; mit **„oder"** verbundene Tatbestandsmerkmale stellen **Alternativen** eines einzelnen/einzigen Tatbestandsmerkmals dar, von denen eines erfüllt sein muss
- Grundsatz: **lex specialis „bricht" lex generalis** → Eine Regelung aus dem zweiten Satz des Paragrafen kann dazu führen, dass die Regelung aus dem ersten Satz nicht greift, da sich der zweite Satz genau auf den entsprechenden Sachverhalt bezieht (Kollisionsnorm).

Normenverknüpfung

- In Rechtsnormen sind vielfach Tatbestandsmerkmale oder Begriffe enthalten, die in **anderen Normen näher beschrieben** oder **definiert** sind.
- expliziter Bezug auf entsprechende Normen notwendig, um zu klären, ob eine Rechtsnorm überhaupt angewendet werden kann → **Normenverknüpfung**

RECHTSTECHNISCHE GRUNDLAGEN

- bestimmte Rechtsnormen können Rechtsfolgen auch wieder aufheben (auch hier sollte ein Querverweis erfolgen!); *Beispiel:* § 828 I (Minderjährigkeit) in Verbindung mit § 823 I (Schadensersatzpflicht) → Wer nicht das siebente Lebensjahr vollendet hat, ist für einen Schaden, den er einem anderen zufügt, nicht verantwortlich.

Beispiel: § 823 I BGB – Schadensersatzpflicht

- **Rechtsnorm:** Wer *vorsätzlich* oder *fahrlässig* das Leben, den Körper, die Gesundheit, die Freiheit, das Eigentum oder ein sonstiges Recht eines anderen **widerrechtlich** verletzt, ist dem anderen zum *Ersatz des daraus entstehenden Schadens* verpflichtet.
- Querverweise auf andere Regelungen:
  - § 276 I: Verschulden (Vorsatz und Fahrlässigkeit)
  - §§ 827, 828: Ausschluss und Minderung der Verantwortlichkeit, Verantwortlichkeit von Minderjährigen
  - § 276 II: Legaldefinition „Fahrlässigkeit"
  - §§ 227 ff.: Rechtfertigungsgründe „Widerrechtlichkeit"
  - §§ 249 ff.: Art und Höhe des Schadensersatzes

Exkurs: Zitierweise

- Beispiel: Sachmangelarten, § 434

Beispiel	Rechts-norm	Absatz	Satz	Nummer	Alter-native	Rechts-quelle
Vorausgesetzte Verwendung	§ 434	I	2	Nr. 1		BGB
	§ 434	Abs. 1	S. 2	Nr. 1		BGB
Zu geringe Menge	§ 434	III			2. Alt.	BGB
	§ 434	Abs. 3			2. Alt.	BGB
Mangelhafte Montageanleitung	§ 434	II	2			BGB
	§ 434	Abs. 2	S. 2			BGB

* blau: alternative Schreibweise

- ausgesprochen („sprich"):
  - **vorausgesetzte Verwendung:** Paragraf vierhundertvierunddreißig, Absatz eins, Satz zwei, Nummer eins, BGB
  - **zu geringe Menge:** Paragraf vierhundertvierunddreißig, Absatz drei, zweite Alternative, BGB
  - **mangelhafte Montageanleitung:** Paragraf vierhundertvierunddreißig, Absatz zwei, Satz zwei, BGB

18 Subsumtion

Auf einen Blick

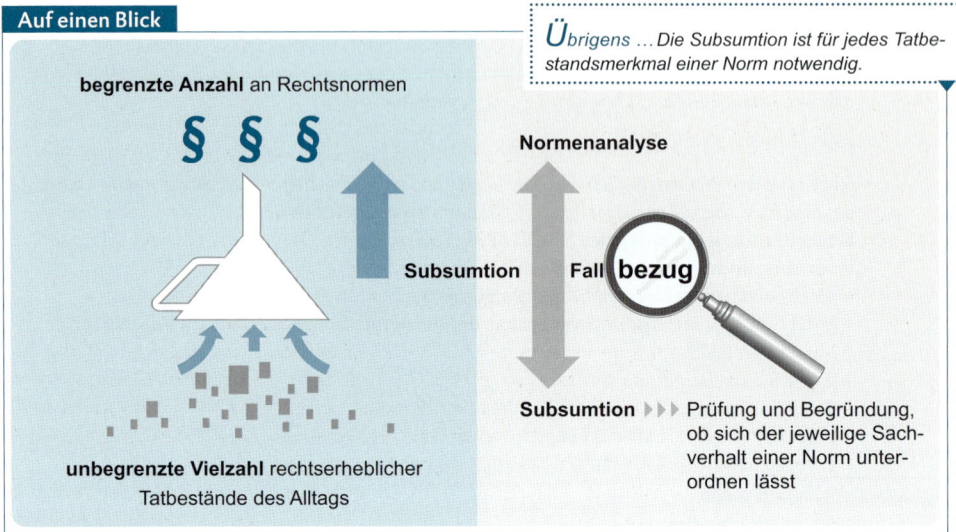

Subsumtion

Subsumtionstechnik

- **Subsumtion:** Prüfung, ob ein juristischer Sachverhalt (Fall) einer bestimmten Rechtsnorm (Paragraf aus dem BGB) untergeordnet werden kann, sodass die Rechtsnorm und ihre Rechtsfolge anwendbar sind
- schrittweise Überprüfung, ob jedes **Tatbestandsmerkmal** einer Rechtsnorm im gegebenen Sachverhalt **erfüllt** ist → **Normenanalyse** und **Normenverknüpfung**

Aufbau: Subsumtion im Gutachtenstil

- Obersatz/Anspruchsgrundlage: **Wer will was von wem woraus?**
- Tatbestandsmerkmale/Voraussetzungen (Subsumtion):
  1. Tatbestandsmerkmal:
  – Untersatz (Frage nach dem Tatbestandsmerkmal)
  – Definition (sofern vorhanden, z. B. Begriffsdefinition)
  – Subsumtion (Begründung, ob der Tatbestand erfüllt wurde)
  – Tatbestand erfüllt oder nicht erfüllt
  2. Tatbestandsmerkmal:
  – Untersatz (Frage nach dem Tatbestandsmerkmal)
  – Definition (sofern vorhanden, z. B. Begriffsdefinition)
  – Subsumtion (Begründung, ob der Tatbestand erfüllt wurde)
  – Tatbestand erfüllt oder nicht erfüllt
  3. Tatbestandsmerkmal (…)
- Ergebnis/**Rechtsfolge(n)**

RECHTSTECHNISCHE GRUNDLAGEN

Subsumtion am Beispiel der unerlaubten Handlung § 823 I BGB

Tatbestandsmerkmale des § 823 I BGB

- **1. Vorsatz oder Fahrlässigkeit (Verschulden):**
  Verletzung kann in Form des **positiven Tuns** oder des **Unterlassens** vorliegen
  – **Fahrlässigkeit** = Außerachtlassen der im Verkehr erforderlichen Sorgfalt (vgl. § 276 II)
  – **Vorsatz** = Wissen und Wollen der Tatbestandsverwirklichung (Deliktsfähigkeit des Schuldners ist Voraussetzung, vgl. §§ 827, 828, und muss überprüft werden!)
- **2. Verletzung eines Rechtsguts** (§ 823 I): Leben, Körper, Gesundheit, Freiheit, Eigentum (sog. **absolute Rechte**) oder ein (absolutes) sonstiges Recht
- [*2. Verletzung eines Schutzrechts (§ 823 II); eigene Anspruchsgrundlage: Schutzrecht ist jede Rechtsnorm, die dem Schutz der Interessen und Rechte des Einzelnen dienen soll, darunter viele Normen des StGB, z. B. Körperverletzung (§§ 223 ff. StGB), Diebstahl (§§ 242 ff. StGB), Betrug (§§ 263 ff. StGB), aber auch Normen aus anderen Rechtsgebieten, z. B. Arbeitsrecht*]
- **3. Rechtswidrigkeit:** Der Schädiger/Anspruchsgegner kann sich der Rechtswidrigkeit entziehen bzw. seine Handlung ist nicht widerrechtlich, wenn er sich auf sogenannte **Rechtfertigungsgründe** berufen kann. Rechtfertigungsgründe:
  – **Notwehr** (§ 227, Selbstverteidigung oder Verteidigung eines Dritten)
  – **Defensivnotstand** (§ 228)
  – **Aggressivnotstand** (§ 904)
  – **Selbsthilfe** (§ 859) oder **Einwilligung** (§ 229)
- **4. Kausalität (bzgl. des Schadens):** Verletzung des Rechtsguts muss durch das Verhalten des Schädigers verursacht und das Verhalten somit adäquat kausal für die Rechtsgutsverletzung sein (Rechtshandlung/Verhalten → Rechtserfolg)

Rechtsfolgen

- Der **Schaden** ist gem. **§§ 249 ff.** zu ersetzen [kein Mitverschulden nach § 254]:
  – § 249 I (**Naturalrestitution**): Schädiger muss den Zustand herbeiführen, der ohne die Schädigung bestanden hätte (sog. Integritätsinteresse)
  – § 249 II: Zahlung des hierfür (Herstellung des Zustandes) erforderlichen Geldbetrags
  – § 252: **Ersatz des entgangenen Gewinns**
  – § 253 I, II: **Schmerzensgeld**

RECHTSTECHNISCHE GRUNDLAGEN

Fallbearbeitung im Gutachtenstil (Beispiel)

Auf einen Blick

GUTACHTENSTIL

> *Übrigens* ... Gegenpart ist der Urteilsstil, der mit dem Ergebnis beginnt und dieses dann begründet.

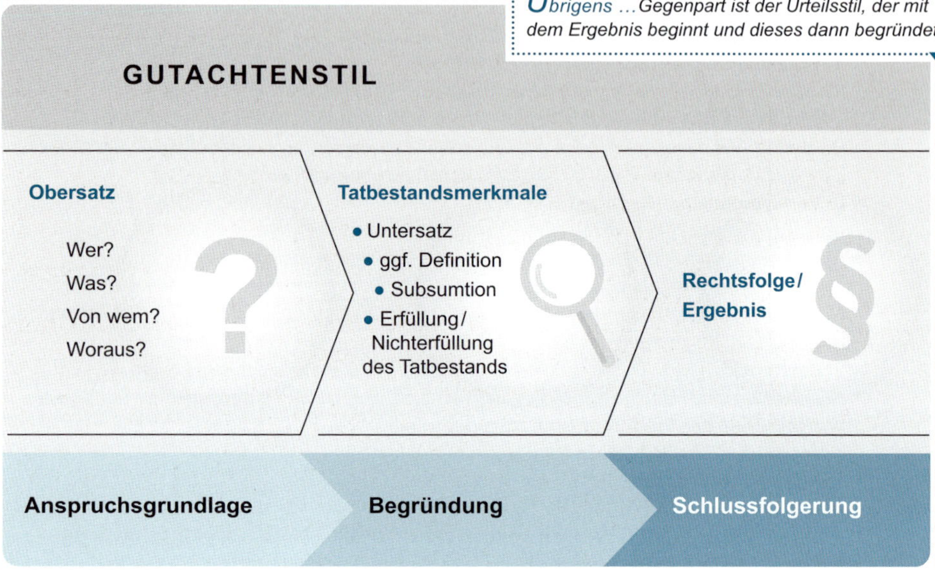

Obersatz
- Wer?
- Was?
- Von wem?
- Woraus?

Tatbestandsmerkmale
- Untersatz
- ggf. Definition
- Subsumtion
- Erfüllung/Nichterfüllung des Tatbestands

Rechtsfolge/Ergebnis

Anspruchsgrundlage ▶ Begründung ▶ Schlussfolgerung

Gutachtenstil

- Der **Gutachtenstil** ist einzuhalten, wenn der Operator der Fragestellung „Prüfen Sie im Gutachtenstil" lautet.
- Gutachtenstil als Hilfe zur übersichtlichen Darstellung der rechtlichen Lösung

Beispiel

Meister M (45 Jahre) bekommt von A den Auftrag, einen defekten Heizkörper in der Wohnung des A zu reparieren. M stellt sich bei der Reparatur ungeschickt an und stößt mit einer Eckrohrzange eine Vase um. Die Vase im Wert von 500 Euro fällt zu Boden und zerspringt. A ist verärgert und verlangt von M Ersatz.
Hinweis: Keine Prüfung von §§ 827, 828, da M volljährig ist und keine krankhafte oder durch Rauschmittel verursachte Störung der Geistestätigkeit aufweist.

Obersatz/Anspruchsgrundlage

A *(wer)* könnte gegen M *(von wem)* einen Anspruch auf Schadensersatz in Höhe von 500 Euro *(was)* gem. §§ 823 I, 249, 251 I, 1. Alt. BGB *(woraus)* haben.

oder

A *(wer)* könnte einen Anspruch auf Schadensersatz in Höhe von 500 Euro *(was)* gegen M *(von wem)* gem. §§ 823 I, 249, 251 I, 1. Alt. BGB *(woraus)* haben.

Fallbearbeitung im Gutachtenstil (Beispiel)

Tatbestandsmerkmale/Voraussetzungen (Subsumtion)

1. Vorsatz oder Fahrlässigkeit [*Tatbestandsmerkmal*]:
M müsste zunächst vorsätzlich oder fahrlässig gehandelt haben. Vorliegend kommt ein fahrlässiges Handeln von M in Betracht. [*Untersatz*]
Fahrlässig handelt nach § 276 II BGB, wer die im Verkehr erforderliche Sorgfalt außer Acht lässt. [*Definition*]
Da sich M beim Bewegen mit der Eckrohrzange ungeschickt angestellt hat und somit die für einen Handwerker erforderliche Sorgfalt außer Acht gelassen hat, [*Subsumtion*]
handelt er fahrlässig. [*Tatbestand erfüllt*]

2. Rechtsgutverletzung [*Tatbestandsmerkmal*]:
Ferner muss M ein Rechtsgut des A verletzt haben. In Betracht kommt hier die Verletzung des Eigentums von A. [*Untersatz*]
Die Vase des A ist zu Boden gefallen und zersprungen, sodass sie zerstört wurde. [*Subsumtion*]
Somit liegt eine Verletzung des Eigentums des A vor. [*Tatbestand erfüllt*]

3. Widerrechtlichkeit [*Tatbestandsmerkmal*]:
Das Verhalten des M muss zudem rechtswidrig sein. [*Untersatz*]
Die Rechtswidrigkeit ist hier indiziert, [*Tatbestand erfüllt*]
da die Eigentumsverletzung auf einem positiven Tun des M beruht und keine Rechtfertigungsgründe für sein Verhalten vorliegen. [*Subsumtion*]

4. Kausalität (bzgl. des Schadens) [*Tatbestandsmerkmal*]:
Da M die Vase mit der Eckrohrzange umgestoßen hat, [*Subsumtion*]
war sein Verhalten adäquat kausal für die Verletzung des Eigentums. [*Tatbestand erfüllt*]
[Hätte M nicht mit der Stange gegen die Vase gestoßen, wäre sie nicht heruntergefallen und zersprungen. [*Subsumtion*]]

Rechtsfolgen/Ergebnis

- **Rechtsfolge(n):** M hat gem. § 249 I BGB den Zustand herzustellen, der bestehen würde, wenn das schädigende Ereignis – Herunterfallen und Zerspringen der Vase – nicht eingetreten wäre (Integritätsinteresse). Bei Sachschäden (vgl. Vase) kann A von M den zur Wiederherstellung erforderlichen Geldbetrag gem. § 249 II 1 BGB verlangen. Da die Vase zersprungen und eine Wiederherstellung in Form einer Reparatur nicht möglich ist, ist nach § 251 I, 1. Alt. BGB ihr Wert zu ersetzen. Somit kann A den Ersatz des Wertes in Höhe von 500 Euro nach § 251 I, 1. Alt. BGB verlangen (= ersatzfähiger Schaden).
- **Ergebnis:** A hat gegen M einen Anspruch auf Schadensersatz in Höhe von 500 Euro gem. §§ 823 I, 249, 251 I, 1. Alt. BGB.

Schuldverhältnisse

Auf einen Blick

RECHTSGESCHÄFT

Übrigens ... Bei gegenseitigen Verträgen sind die Beteiligten stets Schuldner und Gläubiger zugleich.

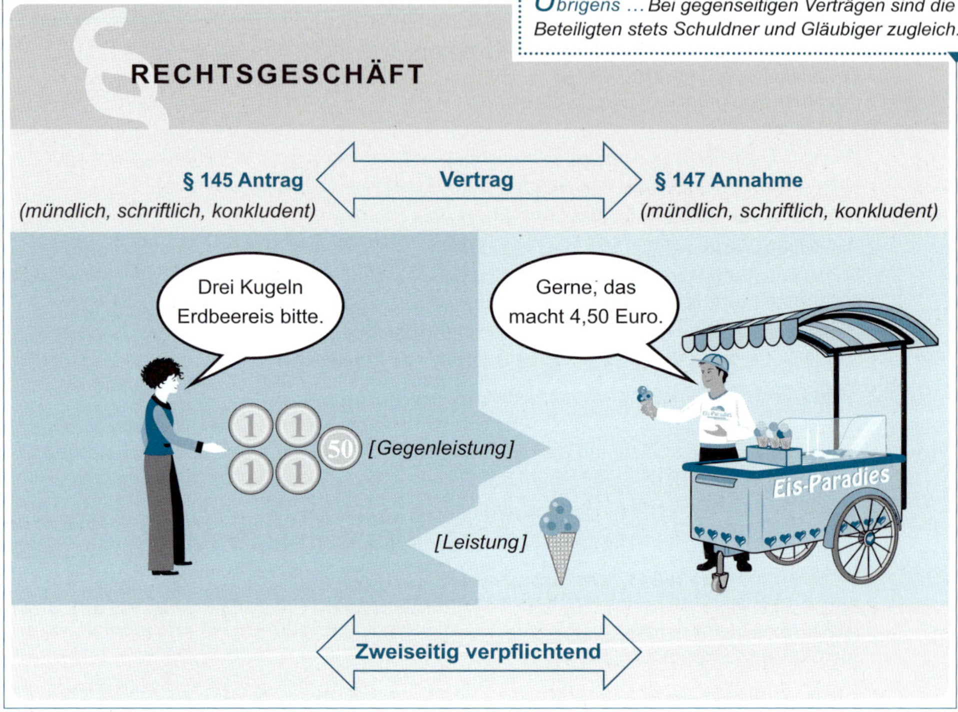

§ 145 Antrag ⇔ Vertrag ⇔ § 147 Annahme
(mündlich, schriftlich, konkludent) — *(mündlich, schriftlich, konkludent)*

"Drei Kugeln Erdbeereis bitte."

"Gerne, das macht 4,50 Euro."

[Gegenleistung]

[Leistung]

Zweiseitig verpflichtend

Arten von Schuldverhältnissen

- **vertragliche Schuldverhältnisse** entstehen durch ein (i. d. R. zweiseitiges) **Rechtsgeschäft**, z. B. Kaufvertrag, Mietvertrag, Leihvertrag → Pflichten für eine oder beide Vertragsparteien:
  - **einseitig verpflichtende Verträge**, z. B. Schenkung
  - **zweiseitig verpflichtende Verträge**, z. B. Kaufvertrag, Mietvertrag
- **vorvertragliche Schuldverhältnisse** (siehe S. 41) entstehen durch:
  - Vertragsverhandlungen (§ 311 II, Nr. 1)
  - Vertragsanbahnung (§ 311 II, Nr. 2)
  - ähnliche Geschäftskontakte (§ 311 II, Nr. 3)
  - → Entstehen von **Schutz- und Sorgfaltspflichten** (§ 241 II)
- **gesetzliche Schuldverhältnisse** entstehen **kraft Gesetzes**, z. B. Schadensersatzanspruch aus unerlaubter Handlung (vgl. § 823), Herausgabeanspruch aus ungerechtfertigter Bereicherung (vgl. § 812)

RECHTSTECHNISCHE GRUNDLAGEN

Schuldverhältnisse

Entstehen von Verträgen

- Zustandekommen eines Vertrags durch zwei **inhaltlich übereinstimmende** und **in Bezug aufeinander abgegebene Willenserklärungen: Antrag** (§ 145) und **Annahme** (§ 147)
- **wesentlicher Mindestinhalt** (sog. *essentialia negotii*): Einigkeit über Vertragsparteien, Leistung und Gegenleistung

Antrag, § 145

- zielt auf den Abschluss eines Vertrags ab
- **mündlich**, **schriftlich** oder durch **konkludentes Handeln** (vgl. S. 24)
- an eine **konkrete Person** gerichtet
- muss **zugegangen** sein, d. h. in den Machtbereich des Empfängers gelangt sein
- Antragsteller **an Antrag gebunden**, es sei denn, er hat die Gebundenheit ausgeschlossen
- **invitatio ad offerendum:** Angebote an die **Allgemeinheit** (z. B. Schaufensterplatzierungen, Produkte im Supermarktregal, Kataloge) → **kein Antrag**, sondern Aufforderung an den Kunden, einen Antrag abzugeben

Annahme, § 147

- **mündlich**, **schriftlich** oder durch **konkludentes Handeln**
- muss inhaltlich mit dem Antrag **übereinstimmen**
- Antrag **unter Anwesenden** kann (ohne Annahmefrist, § 148) nur **sofort** angenommen werden (vgl. § 147 I)
- ein einem **Abwesenden** gemachter Antrag kann (ohne Annahmefrist, § 148) nur bis zu dem Zeitpunkt angenommen werden, zu welchem der Antragsteller den Eingang der Antwort **unter regelmäßigen Umständen** erwarten darf (vgl. § 147 II)
- **Zugang:** Annahme muss dem Antragsteller zugehen
- **Antragsannahme:** Durch Annahme entsteht ein Vertrag und beide Vertragsparteien sind an den **Vertrag gebunden** (Grundsatz: *pacta sunt servanda*, Verträge sind einzuhalten); **Ausnahme:** Widerrufsrecht (§ 355), Anfechtung (§§ 142 ff.)
- **keine Annahme** liegt vor bei …
  – passivem Schweigen (Ausnahme: § 151 *Annahme ohne Erklärung gegenüber dem Antragenden*)
  – Willenserklärungen, die nicht mit dem Antrag übereinstimmen → Ablehnung des Antrags und zugleich neuer Antrag (abändernde Annahme)
  – verspäteter Annahme → kein Vertrag, sondern neuer Antrag (vgl. § 150 I)

RECHTSTECHNISCHE GRUNDLAGEN

24 Abstraktionsprinzip: Kaufhandlung

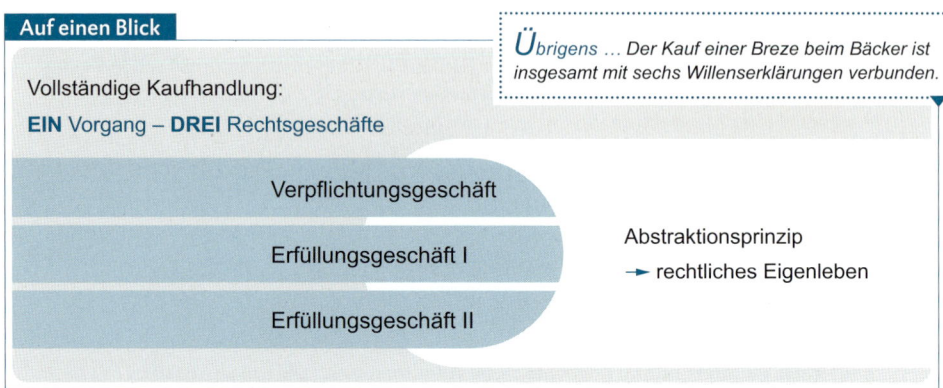

Kaufvertrag, §§ 145, 147, 433

- Zustandekommen eines Kaufvertrags: **zwei inhaltlich übereinstimmende und in Bezug aufeinander abgegebene Willenserklärungen**, Antrag (§ 145) und Annahme (§ 147)
- *Beispiel:* A: „Ein Eis, bitte!" [*Antrag*] → daraufhin Eisverkäufer B: „Sehr gerne!" [*Annahme*]
- Möglichkeit der Abgabe von Willenserklärungen:
  – **mündlich:** A bestellt (sprechend) einen Döner Kebap in einer Imbissbude. [*Antrag*]
  – **schriftlich:** A unterschreibt einen Kaufvertrag über den Kauf eines Autos. [*Annahme*]
  – **konkludentes Handeln:** A legt seine Supermarkteinkäufe (wortlos) auf das Band. [*Antrag*]
- **Pflichten für den Verkäufer, § 433 I:** Verschaffen des Eigentums an der Sache (§ 433 I 1), Übergabe der Sache (§ 433 I 1), Sache frei von Sach- und Rechtsmängeln (§ 433 I 2)
- **Pflichten für den Käufer, § 433 II:** Zahlung des vereinbarten Kaufpreises, Abnahme der Sache

Vollständige Kaufhandlung

- besteht aus **drei Rechtsgeschäften:**
  – **Verpflichtungsgeschäft** (Kaufvertrag → Rechte und Pflichten entstehen)
  – **Erfüllungsgeschäft** (Käufer verschafft das Eigentum des Geldes an den Verkäufer)
  – **Erfüllungsgeschäft** (Verkäufer verschafft das Eigentum der Sache an den Käufer)
- **Trennungs-/Abstraktionsprinzip:** Alle drei Rechtsgeschäfte führen ein **juristisches „Eigenleben"** und sind **rechtlich getrennt voneinander** zu betrachten.

Vollständige Kaufhandlung am Beispiel

Lukas besucht mit Johanna das Würzburger Volksfest „Kiliani". Als beide Hunger haben, geht Lukas zu einem Imbisstand und betrachtet die Preistafel. Darauf steht, dass eine Portion Pommes 2,50 Euro kostet. Er sagt zur Verkäuferin: „Zwei Portionen Pommes, bitte!" Sie antwortet: „Das macht dann 5 Euro, bitte!" Lukas legt einen 5-Euro-Schein auf die Theke. Die Verkäuferin nimmt den Schein und legt ihn in die Kasse. Anschließend bereitet sie zwei Portionen Pommes vor und stellt sie auf die Theke. Lukas und Johanna nehmen die Schalen und essen gemütlich an einem der Tische.

RECHTSTECHNISCHE GRUNDLAGEN

Abstraktionsprinzip: Kaufhandlung

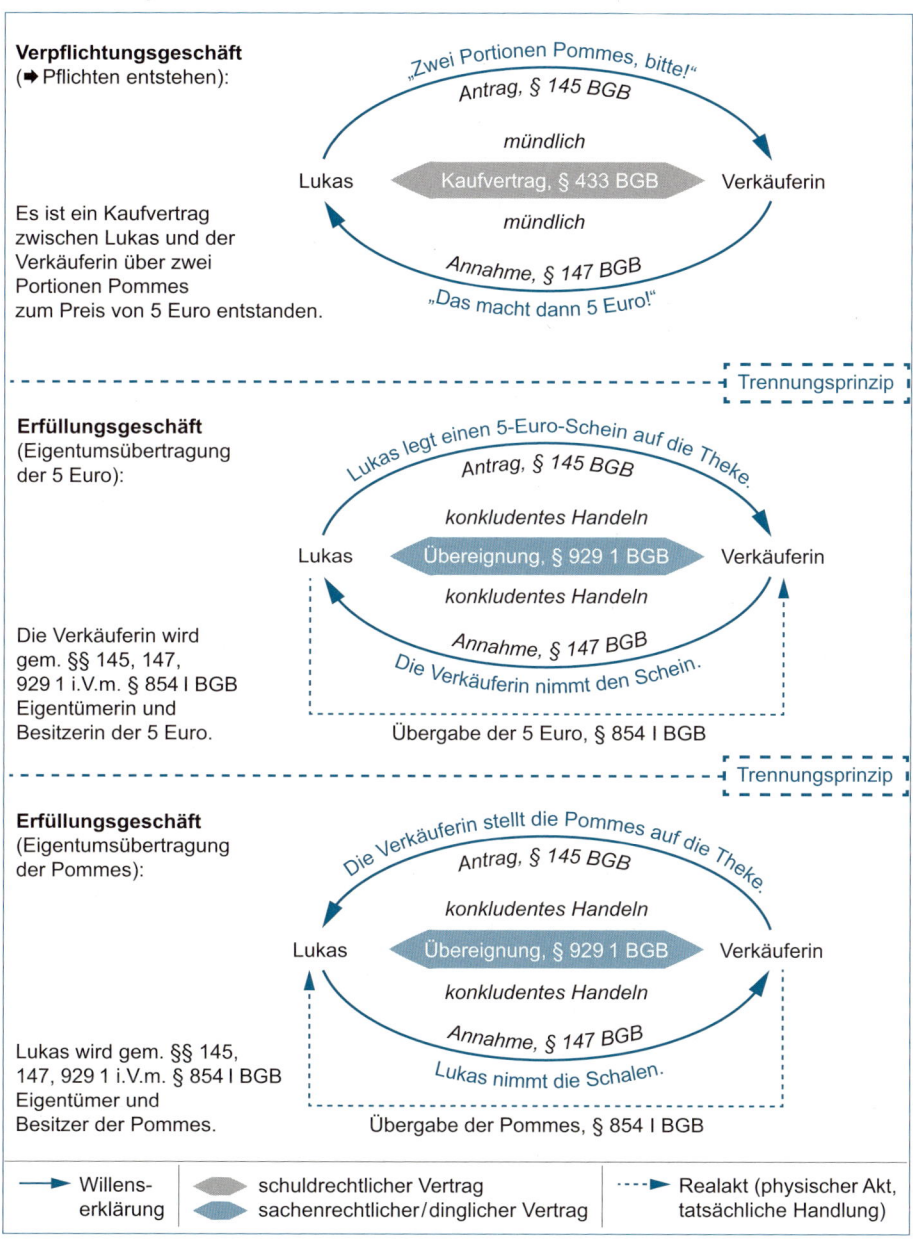

Beschränkte Geschäftsfähigkeit

> **Auf einen Blick**
>
> *Übrigens* ... Unabhängig von der Geschäftsfähigkeit kann jeder als Bote wirksame Willenserklärungen übermitteln.
>
> **Stufen der Geschäftsfähigkeit [nach Alter]**
>
> | geschäftsunfähig | beschränkt geschäftsfähig | voll geschäftsfähig |
> |---|---|---|
> | 0–6 Jahre | 7–17 Jahre | ab 18 Jahre |
> | kein Abschluss von Rechtsgeschäften | „schwebende Unwirksamkeit" Aber: Wirksamer Abschluss von Rechtsgeschäften, die ...
• rechtlich lediglich von Vorteil sind
• mit Taschengeld bewirkt werden
• im Rahmen eines Dienst-/Arbeitsverhältnisses getätigt werden

ansonsten: Zustimmung/Genehmigung des gesetzlichen Vetreters notwendig | wirksamer Abschluss von Rechtsgeschäften |

Beschränkte Geschäftsfähigkeit

- Definition von Geschäftsfähigkeit: Fähigkeit, **rechtswirksame Willenserklärungen abgeben** und **empfangen** zu können → wirksamer Abschluss von **Rechtsgeschäften** (z. B. Verträge)
- **geschäftsunfähig:** Kinder unter sieben Jahren; Personen mit „krankhafter Störung der Geistestätigkeit" (§ 104)
- **beschränkt** geschäftsfähig: **Minderjährige**, die das siebente Lebensjahr vollendet haben (§ 106)
- **voll** geschäftsfähig: **Volljährige** (mit Vollendung des 18. Lebensjahres, vgl. § 2)
- **Wirksamkeit** von Rechtsgeschäften **beschränkt Geschäftsfähiger** hängt von der **Zustimmung/Genehmigung des gesetzlichen Vertreters**, i. d. R. der Eltern (§§ 1626 I, 1629 I 1), ab

 RECHTSTECHNISCHE GRUNDLAGEN

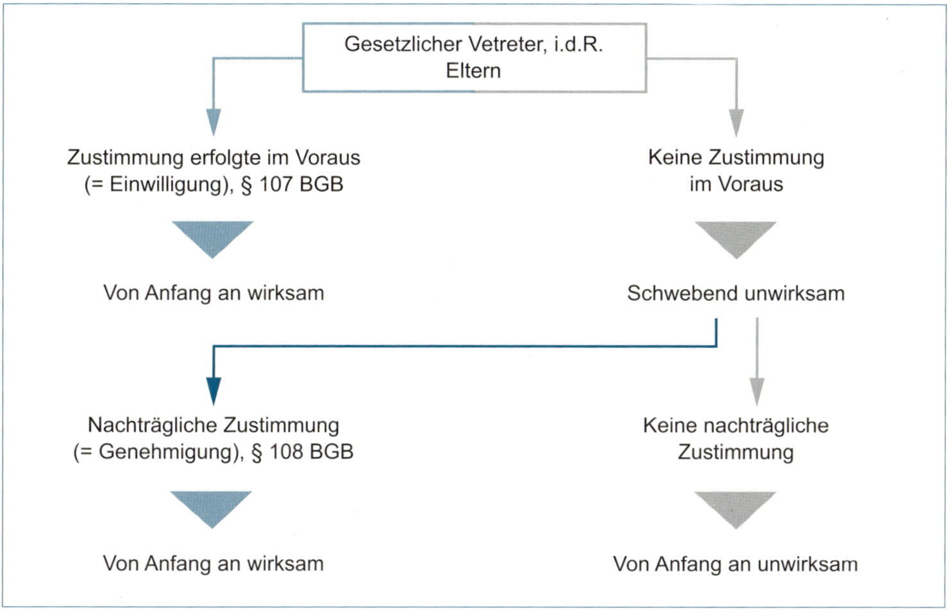

Beschränkte Geschäftsfähigkeit

```
                    ┌─────────────────────────┐
                    │ Gesetzlicher Vetreter, i.d.R. │
                    │         Eltern           │
                    └─────────────────────────┘
         ↓                                    ↓
Zustimmung erfolgte im Voraus        Keine Zustimmung
(= Einwilligung), § 107 BGB           im Voraus
         ↓                                    ↓
Von Anfang an wirksam                Schwebend unwirksam
         ↓                                    ↓
Nachträgliche Zustimmung             Keine nachträgliche
(= Genehmigung), § 108 BGB           Zustimmung
         ↓                                    ↓
Von Anfang an wirksam                Von Anfang an unwirksam
```

Von Vornherein wirksame Rechtsgeschäfte beschränkt Geschäftsfähiger

- Geschäfte, die für den beschränkt Geschäftsfähigen **lediglich rechtlich vorteilhaft** sind (§ 107), sind von Anfang an wirksam.
  - **rechtliche Vorteilhaftigkeit:** Dem Minderjährigen entstehen durch das Rechtsgeschäft **keine Pflichten**, ebenso werden **keine Rechte aufgehoben** bzw. **eingeschränkt** (wirtschaftliche Vorteilhaftigkeit irrelevant!).
  - *Beispiel:* Oma schenkt ihrem Enkel (14 Jahre) 20 Euro in bar.
- Geschäfte beschränkt Geschäftsfähiger, bei denen mit **Taschengeld vollständig** bezahlt (= bewirkt) wurde (§ 110), sind von Anfang an wirksam.
  - **Taschengeld:** kleinerer Geldbetrag, der den Kindern/Jugendlichen regelmäßig zur freien Verfügung überlassen wird
  - *Beispiel:* A (12 Jahre) kauft sich von seinem Taschengeld beim Bäcker eine Laugenstange.
- Geschäfte im **Rahmen eines erlaubten Dienst- oder Arbeitsverhältnisses** (vgl. § 113)
  - *Beispiel:* Auszubildender A (17 Jahre) kauft für die Lackiererei, bei der er arbeitet, neue Lacke.

RECHTSTECHNISCHE GRUNDLAGEN

Ungerechtfertigte Bereicherung

Auf einen Blick

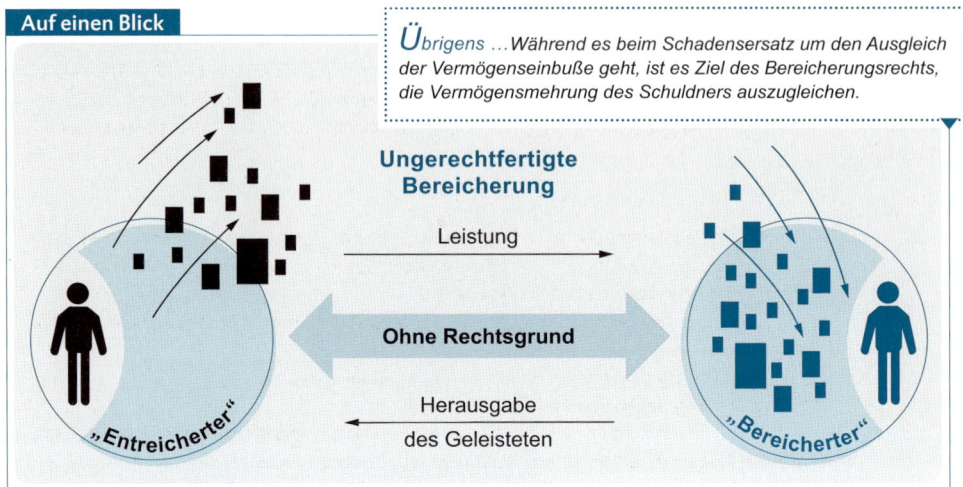

> *Ü*brigens ... Während es beim Schadensersatz um den Ausgleich der Vermögenseinbuße geht, ist es Ziel des Bereicherungsrechts, die Vermögensmehrung des Schuldners auszugleichen.

Ungerechtfertigte Bereicherung und ihre Folgen

- ungerechtfertigte Bereicherung: Besitz oder Eigentum an einer Sache oder Geld wird von jemandem erlangt, **dem es nicht zusteht**
- Folge: **Rückforderung** der Leistung, die aufgrund eines Vertrags erbracht wurde, obwohl das **Verpflichtungsgeschäft von Anfang an unwirksam** war (= sog. Leistungskondiktion, § 812 I 1, 1. Alt.)
- **Abstraktionsprinzip:** Unwirksamkeit des Verpflichtungsgeschäfts, z. B. des Kaufvertrags, hat **keine Auswirkungen** auf die Wirksamkeit der Erfüllungsgeschäfte
- *Beispiel:* Ein Minderjähriger erlangt das Eigentum an einer Sache, obwohl der Kaufvertrag von Anfang an unwirksam war (Verpflichtungsgeschäft unwirksam, Erfüllungsgeschäft wirksam).
→ ungerechtfertigte Bereicherung

Tatbestandsmerkmale § 812 I 1

- **Anspruchsgegner hat „etwas erlangt":** Das erlangte „Etwas" ist der Gegenstand der Bereicherung. In Betracht kommt **jeder Vermögensvorteil** → d. h., die Vermögenssituation des Anspruchsgegners hat sich in **wirtschaftlicher oder rechtlicher Hinsicht verbessert**.
- **„durch Leistung"** des Anspruchstellers: Eine Leistung im Sinne des § 812 I ist die **„zweckgerichtete** Mehrung fremden Vermögens" → d. h., die Leistung muss erbracht worden sein, um die entsprechende **Verpflichtung** (z. B. aus dem Kaufvertrag) **zu erfüllen**.
- **„ohne Rechtsgrund":** Fehlen eines rechtlichen Grunds ist gegeben, wenn ...
  – es von Anfang an keinen rechtlichen Grund gab (§ 812 I 1, 1. Alt.),
  – er später weggefallen ist (§ 812 I 2, 1. Alt.),
  – der bezweckte Erfolg nicht eingetreten ist (§ 812 I 2, 2. Alt.)
- **Rechtsfolge:** Verpflichtung zur Herausgabe des Geleisteten

RECHTSTECHNISCHE GRUNDLAGEN

Ungerechtfertigte Bereicherung

Ungerechtfertigte Bereicherung am Beispiel

A (16 Jahre) hat von seiner Tante 1.000 Euro geschenkt bekommen, die A für die spätere Berufsausbildung zurücklegen soll. A kauft sich davon jedoch einen neuen Computer bei C. Die Eltern sind mit dem Kauf nicht einverstanden und verlangen, den Vertrag rückgängig zu machen. C möchte daraufhin den Computer zurückhaben.

Kurze Erläuterung zum Verständnis

- A ist 16 Jahre alt und damit gem. §§ 2, 106 **beschränkt geschäftsfähig**. → Notwendigkeit der **Einwilligung des gesetzlichen Vertreters**, da Rechtsgeschäft nicht lediglich rechtlich vorteilhaft (Pflicht zur Zahlung des Kaufpreises)
- **keine Einwilligung** der Eltern (Geld sollte für die Berufsausbildung zurückgelegt werden; kein Taschengeld!)
- **keine Genehmigung** der Eltern (sind nicht mit dem Kauf einverstanden!)
- Kaufvertrag von Anfang an **unwirksam**
- C kann den Computer nicht gem. § 985 (Herausgabeanspruch des Eigentümers) herausverlangen, da er kein Eigentümer des Computers mehr ist **(Abstraktionsprinzip!)**. → **Eigentumserwerb** von A durch C gem. § 929 1 für A **lediglich rechtlich vorteilhaft** → **A wird Eigentümer** des Computers, auch **ohne Zustimmung** der Eltern.
- C kann den Computer von A nur über **§ 812 I 1, 1. Alt. herausverlangen.**

Anspruchsgrundlage § 812 I 1, 1. Alt

- **„etwas erlangt"**: A hat durch das Eigentum und den Besitz am Computer etwas erlangt.
- **„durch Leistung"**: C hat A das Eigentum und den Besitz am Computer durch Übereignung und Übergabe bewusst verschafft, um damit seine Pflicht aus dem Kaufvertrag zu erfüllen.
  → Leistung liegt vor
- **„ohne Rechtsgrund"**: Mit der Leistung bezweckte C die Erfüllung seiner Pflicht zur Übereignung und Übergabe des Computers aus dem **mit A geschlossenen Kaufvertrag** nach § 433 I. Dieser Zweck ist verfehlt, wenn die Pflicht infolge der **Unwirksamkeit des Kaufvertrags** (Eltern haben gem. § 108 I keine Genehmigung erteilt) gar nicht besteht. → Von Anfang an **kein Rechtsgrund** für die Leistung!
- **Rechtsfolge**: C kann das Eigentum und den Besitz am Computer gem. § 812 I 1, 1. Alt. von A herausverlangen.

RECHTSTECHNISCHE GRUNDLAGEN

Eigentum und Besitz

Auf einen Blick

Übrigens … In ganz bestimmten Fällen kann der Staat zum „Wohle der Allgemeinheit" in das private Eigentum eingreifen. Die Hürden sind aber sehr hoch.

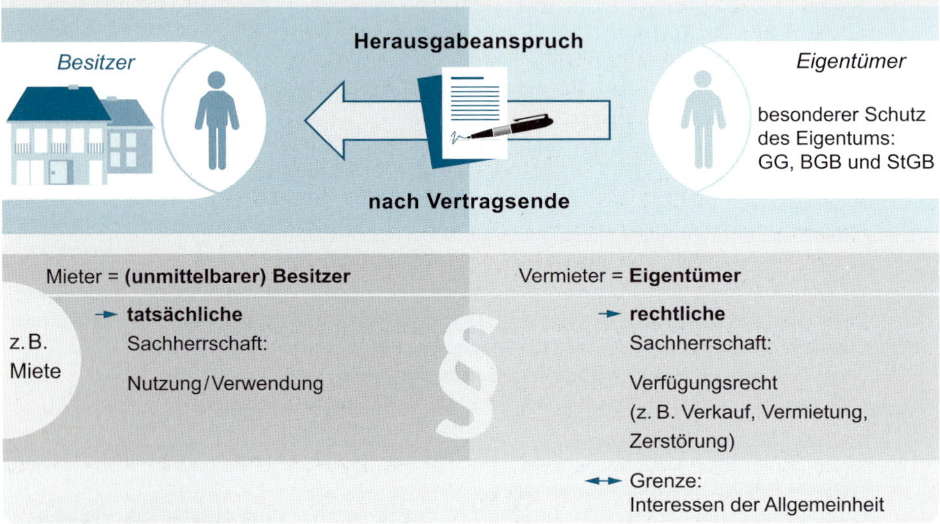

Besitzer — Herausgabeanspruch nach Vertragsende → **Eigentümer**

besonderer Schutz des Eigentums: GG, BGB und StGB

z. B. Miete

Mieter = **(unmittelbarer) Besitzer**
- **tatsächliche** Sachherrschaft: Nutzung / Verwendung

Vermieter = **Eigentümer**
- **rechtliche** Sachherrschaft: Verfügungsrecht (z. B. Verkauf, Vermietung, Zerstörung)

↔ Grenze: Interessen der Allgemeinheit

Eigentum vs. Besitz

- **Besitz: tatsächliche Herrschaft** über eine Sache als Möglichkeit, auf die Sache einzuwirken; unerheblich, ob ein Recht zur Ausübung des Besitzes besteht
- **Eigentum: umfassende rechtliche Herrschaft** über eine Sache
  - **Befugnisse des Eigentümers** (§ 903 1): Der Eigentümer einer Sache kann, soweit nicht das Gesetz oder Rechte Dritter entgegenstehen, mit der Sache nach Belieben verfahren **(Verfügungs- und Nutzungsrecht)** und andere von jeder Einwirkung ausschließen **(Ausschließungsbefugnis)**.
  - **Herausgabeanspruch** (§ 985): Der Eigentümer kann von dem Besitzer die Herausgabe der Sache verlangen.
- **unmittelbarer Besitzer** = jeder, der die tatsächliche Gewalt über die Sache ausübt (§ 854 I)
- **mittelbarer Besitzer** = derjenige, dem ein unmittelbarer Besitzer gegenüber nur auf Zeit zum Besitz berechtigt ist (§ 868)
- *Beispiel*: **Besitzmittlungsverhältnis bei Untervermietung** → Vermieter (Eigentümer) = Eigenbesitzer (§ 872) und mittelbarer Besitzer (§ 868); Mieter = Fremdbesitzer und mittelbarer Besitzer (§ 868); Untermieter (wohnt in der Wohnung) = Fremdbesitzer und unmittelbarer Besitzer (§ 854)

EIGENTUMSORDNUNG

Eigentum und Besitz

Inhalt, Schutz und Grenzen des Eigentumsrechts

- Inhalt/Bedeutung:
  - Gewährleistung des Eigentumsrechts (Art. 14 I 1 GG) als **unverzichtbares Element** einer **marktwirtschaftlichen Ordnung** (Privateigentum)
  - eng verbunden mit der **Privatautonomie** und **Vertragsfreiheit** (vgl. Art. 2 I GG)
- **Schutz des Eigentums im Zivilrecht** (BGB): z. B. Herausgabeanspruch (§ 985), Nutzungen nach Rechtshängigkeit (= Erhebung der Klage) (§ 987), Beseitigungs- und Unterlassungsanspruch (§ 1004), Schadensersatz nach Rechtshängigkeit (§ 989), Haftung des Besitzers bei Kenntnis (§ 990), Schadensersatzpflicht (§ 823 I)
- **Schutz des Eigentums im Strafrecht** (StGB): z. B. Diebstahl (§§ 242 ff.), Unterschlagung (§ 246), Raub und räuberischer Diebstahl (§§ 249–252), Sachbeschädigung (§ 303)
- **Grenzen** (GG und BGB): z. B. Enteignung (Art. 14 III GG), Notstand (§ 904 BGB), Einwendungen des Besitzers (§ 986 BGB), verbotene Eigenmacht (§§ 858 ff. BGB), gutgläubiger Eigentumserwerb vom Nichtberechtigten (Eigentumsvermutung für Besitzer – Rechtsschein des Besitzes, § 932 i. V. m. § 1006 BGB)

Fortentwicklung des Eigentumsrechts am Beispiel des Urheberrechts

- **Schutz der Werke** (vgl. § 2 UrhG) des Urhebers (= Schöpfer des Werkes, vgl. § 7 UrhG), darunter z. B. Sprachwerke, Schriftwerke, Reden und Computerprogramme, Werke der Musik, Lichtbildwerke, Filmwerke
- **ausschließliche Verwertungsrechte** des Urhebers (vgl. §§ 15 ff. UrhG): z. B. Vervielfältigungsrecht, Verbreitungsrecht, Ausstellungsrecht
- **Nutzungsrecht** (vgl. §§ 31–44 UrhG): Urheber kann einem anderen das Recht einräumen, das Werk zu nutzen
- **Vergütungsanspruch** des Urhebers (vgl. §§ 32, 36 UrhG)
- **Veröffentlichungsrecht** (§ 12 UrhG): Urheber bestimmt, **ob und wie** sein Werk veröffentlicht wird; **Ausnahmen:**
  - § 44a ff. UrhG: z. B. Vervielfältigungsstück zur Verwendung in einem Gerichtsverfahren (vgl. § 45 I UrhG)
  - § 55 ff. UrhG: Vervielfältigung durch Sendeunternehmen (vgl. § 55 I UrhG)
  - § 60a ff. UrhG: „Zur Veranschaulichung des Unterrichts und der Lehre an Bildungseinrichtungen dürfen zu nicht kommerziellen Zwecken bis zu 15 Prozent eines veröffentlichten Werkes vervielfältigt, verbreitet, öffentlich zugänglich gemacht [...] werden (1.) für Lehrende und Teilnehmer der jeweiligen Veranstaltung, (2.) für Lehrende und Prüfer an derselben Bildungseinrichtung sowie (3.) für Dritte, soweit dies der Präsentation des Unterrichts, von Unterrichts- oder Lernergebnissen an der Bildungseinrichtung dient." (vgl. § 60a I, Nr. 1–3 UrhG)
- weitere Bereiche, die durch fortschreitende **technologische/digitale Entwicklung** auch tiefergehend gesetzlich geregelt/geschützt werden müssen: z. B.
  - Verletzung des höchstpersönlichen Lebensbereichs (§ 201a StGB)
  - Verletzung des Briefgeheimnisses (§ 202 StGB)
  - Verletzung der Vertraulichkeit des Wortes (§ 201 StGB)
  - Ausspähen von Daten (§ 202a StGB)

EIGENTUMSORDNUNG

Eigentumserwerb

Auf einen Blick

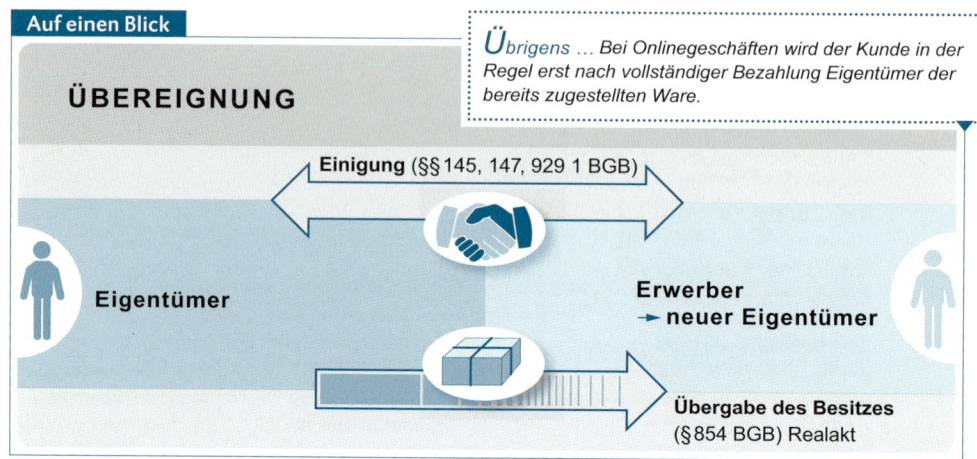

Übrigens ... Bei Onlinegeschäften wird der Kunde in der Regel erst nach vollständiger Bezahlung Eigentümer der bereits zugestellten Ware.

Eigentumserwerb an beweglichen Sachen (vgl. Kaufhandlung)

- **Einigung und Übergabe** (§ 929): Beide Vertragsparteien müssen sich darüber **einig sein**, dass das Eigentum (an der Sache) übergehen soll (Übereignung). Der Eigentümer muss die Sache **dem Erwerber übergeben** und ihm so gem. § 854 I den **unmittelbaren Besitz** verschaffen.
- wenn Erwerber im Besitz der Sache, **Einigung** über Eigentumsübergang ausreichend (§ 929 2)

Gutgläubiger Eigentumserwerb und Interessensausgleich

- **„guter Glaube"** (§ 932 II): Gutgläubiger Eigentumserwerb ist ausgeschlossen, wenn der Erwerber **weiß** oder infolge **grober Fahrlässigkeit nicht weiß**, dass der Veräußernde **nicht verfügungsberechtigt** ist. (Guter Glaube muss in dem Moment, in dem die letzte für den Erwerb erforderliche Handlung vorgenommen wird, vorliegen.)
- aber: **Rechtsschein des Besitzes** ausreichend (vgl. § 1006 I, sog. **Eigentumsvermutung**); Beispiel *„Fahrrad"*: A verkauft ein Fahrrad, das bei ihm zu Hause in der Garage steht, an B. B kann bei Abholung grundsätzlich davon ausgehen, dass A Eigentümer ist, da sich das Fahrrad in dessen unmittelbarem Besitz befindet (= Rechtsschein des Besitzes). Das Fahrrad gehört aber C.
- **Interessenskonflikt** zwischen dem **Schutz des Eigentums** und dem **Schutz des ahnungslosen Käufers** → liegt guter Glaube vor, wiegt der **Schutz des Käufers mehr** (Vertrauen in die Wirksamkeit von Verträgen muss aufrechterhalten werden; Schutzfunktion)

Tatbestandsmerkmale „gutgläubiger Eigentumserwerb" §§ 929 1, 932

- **„bewegliche Sache"**: körperliche Gegenstände, die zudem beweglich sind (§ 90)
- **Eigentumserwerb durch Rechtsgeschäft**: Vertragsparteien müssen sich gem. § 929 1 darüber **einig** sein, dass das Eigentum an der Sache übergehen soll; Sache muss dem Erwerber **übergeben** werden (§ 854 I); **sachenrechtlicher Vertrag** gem. §§ 145, 147, 929 1 i. V. m. § 854 I
- **Verfügender/Veräußerer** ist sachenrechtlich **Nichtberechtigter**

EIGENTUMSORDNUNG

Eigentumserwerb

- **Erwerber im guten Glauben:** kein guter Glaube, wenn Erwerber weiß oder infolge grober Fahrlässigkeit nicht weiß, dass der Veräußernde nicht verfügungsberechtigt ist, vgl. § 932 II
- **kein Ausschluss nach § 935 BGB:** kein gutgläubiger Eigentumserwerb bei **Geld** (§ 935 II) und **unfreiwilliger Besitzaufgabe** des ursprünglichen Eigentümers, d. h. bei **gestohlenen, verlorenen oder sonst abhanden gekommenen Sachen** → Eigentümer muss den Besitz i. d. R. freiwillig aufgegeben haben (*Beispiel „Fahrrad":* Eigentümer C leiht A sein Fahrrad.)
- **Rechtsfolge:** Gutgläubiger Erwerber wird Eigentümer, d. h., der ursprüngliche Eigentümer verliert sein Eigentum, da der Gesetzgeber den Käufer in diesem Fall als **schutzwürdiger** ansieht. → „gerechter" **Ausgleich** durch das Recht des ursprünglichen Eigentümers, das durch die Verfügung (den Verkauf) Erlangte (i. d. R. das Geld) **gem. § 816 I 1 herauszufordern** [denkbar wäre auch ein Anspruch aus § 823 I BGB]

Tatbestandsmerkmale „Herausgabeanspruch" § 816 I 1 (Beispiel „Fahrrad")

- **entgeltliche Verfügung eines Nichtberechtigten:** Verfügung: Rechtsgeschäft, das die sachenrechtliche Lage unmittelbar ändert (Übereignung; A verschafft B das Eigentum); entgeltlich (A bekommt 700 Euro); Nichtberechtigter: nicht zur Verfügung befugt (C ist Eigentümer)
- **Wirksamkeit der Verfügung:** infolge des gutgläubigen Eigentumserwerbs gegeben
- **Rechtsfolge:** Herausgabe des durch die Verfügung Erlangten
- **Umfang** des Bereicherungsanspruchs (§ 818): → Bemessung des „Erlangten": **objektiver Wert vs. Veräußerungsgewinn**; *Beispiel „Fahrrad":* A verkauft das Fahrrad für 700 Euro an B, objektiver Wert: 500 Euro. → nach herrschender Meinung: 700 Euro; bei **unentgeltlicher Verfügung** (Schenkung): Anspruch auf Herausgabe des **Bereicherungsgegenstands**

Eigentumsvorbehalt, § 449 BGB

- Verkäufer behält es sich vor, dass das Eigentum unter der **aufschiebenden Bedingung vollständiger Zahlung** des Kaufpreises auf den Käufer übertragen wird (§ 449 I)
- Verkäufer kann die Sache aber nur bei Rücktritt vom Vertrag herausverlangen (§ 449 II)
- Bei vollständiger Bezahlung **(Bedingung)** geht das Eigentum auf den Käufer über **(Wirkung)** (vgl. § 158 I). *Beispiel:* A kauft im Elektromarkt E einen Fernseher und vereinbart Ratenzahlung. Bis zur Zahlung der letzten Rate behält sich E das Eigentum an dem Fernseher vor. Mit der Zahlung der letzten Rate geht das Eigentum auf A über.

Eigentumserwerb an unbeweglichen Sachen (Immobilie)

- **Verpflichtungsgeschäft:** Kaufvertrag mit **notarieller Beurkundung** (Formvorschrift) gem. §§ 145, 147, 433, 311 b, 128
- **Erfüllungsgeschäft:** Erklärung der Einigung (sog. Auflassung) vor einer zuständigen Stelle, i. d. R. einem Notar, und **Eintragung in das Grundbuch** gem. §§ 145, 147, 873, 925
- Grundbuch notwendig, da es aufgrund der **fehlenden Eigentumsvermutung** bei Grundstücken und Häusern die Rechtsverhältnisse klar offenlegt
- **Erfüllungsgeschäft** (Geld): formlose Einigung und Übergabe des Geldes gem. §§ 145, 147, 929 1 BGB i. V. m. § 854 I
- **Funktionen der notariellen Beurkundung:** Beratungs-, Warn-, Gültigkeits-, Beweisfunktion

Leistungspflichten und Leistungsstörungen

Auf einen Blick

Übrigens ... Eine eindeutige Trennung zwischen leistungsbezogenen Nebenpflichten und reinen Schutzpflichten ist nicht immer möglich.

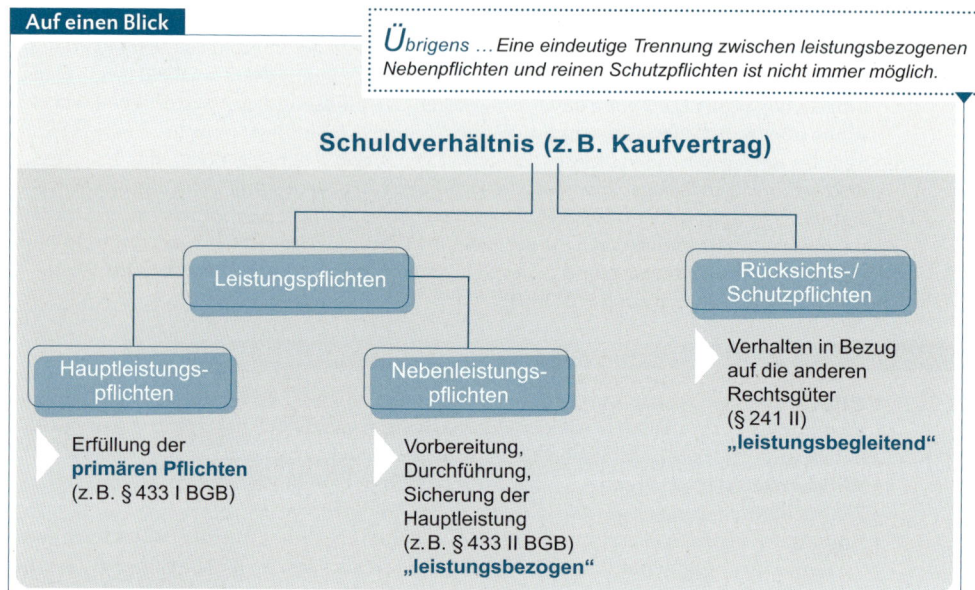

Leistungspflichten

- **Voraussetzung** für Leistungspflichten: **Schuldverhältnis** zwischen den Vertragsparteien (§ 241):
  - **Schuldverhältnis:** Rechtsverhältnis, das die Beziehung zwischen Schuldner und Gläubiger regelt
  - **Schuldner:** Person, die im Rahmen eines Schuldverhältnisses eine Leistung schuldet bzw. erbringen muss
  - **Gläubiger:** Person, die im Rahmen eines Schuldverhältnisses eine Leistung (vom Schuldner) fordern kann

Hauptleistungspflichten Kaufvertrag (§ 241 I, z. B. i. V. m. § 433)

- wesentliche Pflichten, die den Vertragstyp charakterisieren (*essentialia negotii*)
- **Pflichten des Verkäufers** (§ 433 I): Verschaffen des Eigentums, Übergabe der Sache, Sache frei von Sach- und Rechtsmängeln
- **Pflichten des Käufers** (§ 433 II): Zahlung des vereinbarten Kaufpreises

Leistungsbezogene Nebenpflichten (§ 241 I)

- zur Erfüllung der Hauptleistungspflichten (notwendige) Pflichten hinsichtlich Vorbereitung, Durchführung und Sicherung
- **Nebenpflichten des Verkäufers:** sachgemäße Verpackung der Ware, Beratungs- und Aufklärungspflichten, Unterweisung, Kostenübernahme (z. B. die Kosten der Übergabe, § 448 I)

RECHT DER LEISTUNGSSTÖRUNGEN

Leistungspflichten und Leistungsstörungen

- **Nebenpflichten des Käufers:** Abnahme der gekauften Sache (§ 433 II), Erteilung einer schriftlichen Empfangsbekenntnis auf Verlangen (§ 368 1), Kostenübernahme (z. B. die Kosten der Abnahme, § 448 I)

Nichtleistungsbezogene Nebenpflichten (§§ 241 II, 311 II, III)

- Schutz der **Interessen**, **Rechte** und **Rechtsgüter** der jeweils anderen Vertragspartei
- bei Bestehen eines Schuldverhältnisses nach § 241 II: z. B. Übergabe einer Gebrauchsanweisung; Sorgfaltspflicht, das Eigentum, z. B. Fußboden, nicht zu beschädigen
- bei einem **vorvertraglichen Schuldverhältnis** (§ 311 II, III i. V. m. § 241 II; *culpa in contrahendo*; siehe S. 41): z. B. Verkehrssicherheit in Geschäftsräumen, sachgemäße und sichere Lagerung von Ware im Regal, Kennzeichnung rutschiger Wege

Leistungszeit

- Ist keine Leistungszeit zwischen den Vertragsparteien bestimmt oder aus den Umständen zu entnehmen, kann der **Gläubiger** die Leistung **sofort verlangen**, der **Schuldner** die Leistung **sofort bewirken** (§ 271 I).
- Ist eine **Leistungszeit bestimmt**, kann der Gläubiger die Leistung **nicht vor dieser Zeit** (Datum) verlangen, der Schuldner kann sie aber vorher bewirken/erfüllen (§ 271 II).
- Schuldverhältnis **erlischt**, wenn die **geschuldete Leistung** an dem Gläubiger **bewirkt** wurde (§ 362 I)

Leistungsstörungen (Pflichtverletzungen)

- **Leistungsstörung:** jedes Verhalten, das rein objektiv betrachtet hinter dem Pflichtenprogramm des Schuldverhältnisses zurückbleibt
- **Vertreten oder Verschulden** zunächst unerheblich
- **Erfüllungsanspruch** bleibt zunächst bestehen
- Arten von Pflichtverletzungen:
  - **Verletzung einer Schutz-/Sorgfaltspflicht**; *Beispiel:* A rutscht auf dem frisch gewichsten Boden im Supermarkt aus, da das Personal vergessen hatte, ein Warnschild aufzustellen.
  - **Nichtleistung wegen Unmöglichkeit** (wird im Folgenden nicht mehr aufgeführt, da nicht abiturrelevant); *Beispiel:* A kauft bei B eine antike Vase (Unikat). B stößt aus Unachtsamkeit gegen den Tisch, die Vase fällt herunter und zerspringt. B kann seine Pflichten aus dem Kaufvertrag – Eigentumsverschaffung und Übergabe an A – nicht mehr erfüllen.
  - **verspätete Leistung** (Nichtleistung trotz Möglichkeit und Fälligkeit oder Schuldnerverzug); *Beispiel:* B liefert die von A bestellte Ware nicht bis zum (spätesten) vereinbarten Termin (= Fälligkeitsdatum).
  - **Schlechtleistung/mangelhafte Leistung**; *Beispiel:* Der von A gekaufte Föhn macht seltsame laute Geräusche beim Föhnen.

RECHT DER LEISTUNGSSTÖRUNGEN

Rechtsfolgen und Voraussetzungen

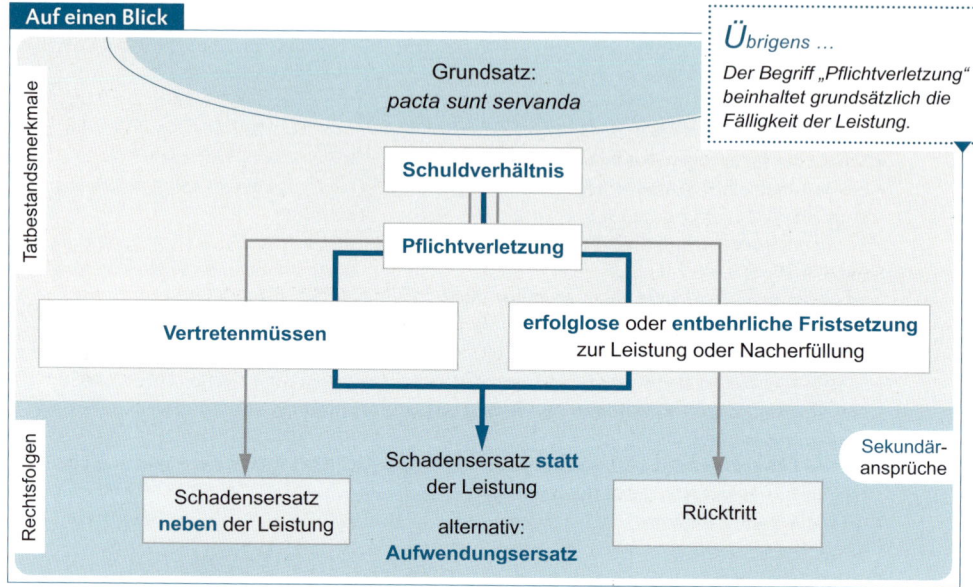

Rechtsfolgen bei Leistungsstörungen

- Regelung für alle Verträge grundsätzlich einheitlich im allgemeinen Schuldrecht
- Sekundäransprüche: **Rücktritt vom Kaufvertrag** und **Schadensersatz (SE)**
- zum Teil Vorschriften des besonderen Schuldrechts als Ergänzung/Verdrängung der Vorschriften des allgemeinen Schuldrechts (vgl. mangelhafte Leistung beim Kauf)
- Rechtsfolgen nach **allgemeinem Schuldrecht:**
  - **SE neben der Leistung** (einfacher Schadensersatz), § 280 I
  - **SE wegen Verzögerung**, §§ 280 I, II, 286
  - **SE statt der Leistung**, §§ 280 I, III, 281, (282); alternativ: Aufwendungsersatz, § 284
  - **Rücktritt**, § 323 (§ 324); Wirkungen des Rücktritts, §§ 346 – 348
- Rechtsfolgen nach **besonderem Schuldrecht**, z. B. Schlechtleistung/Kaufvertrag:
  - Nacherfüllungsanspruch, §§ 437, Nr. 1, 439 (siehe S. 48 f.)
  - Minderung des Kaufpreises, §§ 437, Nr. 2, 441 (siehe S. 50)
- **allgemeine Voraussetzungen**, die für alle Rechtsfolgen zwingend sind:
  1. **bestehendes Schuldverhältnis** oder **gegenseitiger Vertrag**
  2. **Pflichtverletzung**
- **spezielle Anspruchsvoraussetzungen:**
  - SE statt der Leistung: erfolglose oder entbehrliche Fristsetzung, Vertretenmüssen
    (→ strikteste Voraussetzungen!)
  - SE neben der Leistung: Vertretenmüssen
  - Rücktritt: erfolglose oder entbehrliche Fristsetzung

 RECHT DER LEISTUNGSSTÖRUNGEN

Rechtsfolgen und Voraussetzungen

Voraussetzung: Fristsetzung

- **Vorrang des Erfüllungsanspruchs** (*pacta sunt servanda*) → Fristsetzung
- angemessene Frist zur Leistung (bei Nichtleistung) oder Nacherfüllung (bei mangelhafter Leistung) als **Voraussetzung für SE statt der Leistung** oder **Rücktritt** → Anspruch des Gläubigers bei erfolglosem Verstreichen der Frist gegeben
- Fristsetzung unter bestimmten Voraussetzungen entbehrlich

Entbehrlichkeit der Fristsetzung

- bei **Rücktritt vom Vertrag:**
  - Schuldner **verweigert** Leistung ernsthaft und endgültig (§ 323 II, Nr. 1)
  - **relatives Fixgeschäft:** Erfüllung der Leistung nach Überschreitung der Leistungszeit noch möglich, Einhaltung des vereinbarten Termins für den Gläubiger aber so entscheidend, dass dessen Leistungsinteresse an die fristgerechte Leistung gebunden ist (muss ausdrücklich erklärt werden!) → Voraussetzung: Vereinbarung einer Leistungszeit (bzw. spätestes Fälligkeitsdatum, § 323 II, Nr. 2)
  - Vorliegen **besonderer Umstände**, die unter Abwägung der beiderseitigen Interessen den sofortigen Rücktritt rechtfertigen (§ 323 II, Nr. 3)
- bei **SE statt der Leistung:**
  - Schuldner **verweigert** die Leistung ernsthaft und endgültig (§ 281 II)
  - Vorliegen **besonderer Umstände**, die unter Abwägung der beiderseitigen Interessen die sofortige Geltendmachung des Schadensersatzanspruchs rechtfertigen (§ 281 II)
- bei **Nacherfüllung** (beim Sachmangel):
  - Schuldner **verweigert** die Nacherfüllung (§ 440 1, 1. Alt.)
  - Nacherfüllung **fehlgeschlagen:** Nachbesserung gilt nach dem **zweiten erfolglosen Versuch** als fehlgeschlagen (§ 440 1, 2. Alt.; siehe S. 48 f.)
  - Nacherfüllung für den Käufer **unzumutbar** (§ 440 1, 3. Alt.)

Voraussetzung: Vertretenmüssen (bei SE-Ansprüchen)

- Schuldner muss Pflichtverletzung zu vertreten haben (§ 280 I 2)
- Vertretenmüssen wird **grundsätzlich vermutet**, außer der Schuldner kann beweisen, dass er die Pflichtverletzung nicht zu vertreten hat (sog. **Exkulpation = Schuldbefreiung**)
- Verantwortlichkeit des Schuldners: **Vorsatz** (Wissen und Wollen des rechtswidrigen Erfolgs) und **Fahrlässigkeit** (Außerachtlassen der im Verkehr erforderlichen Sorgfalt, §§ 276 – 278)
- **strengere/mildere** Haftung (vereinbart oder aufgrund des Inhalts des Schuldverhältnisses):
  - mildere Haftung: nur Vorsatz und grobe Fahrlässigkeit (vgl. § 599, § 277)
  - strengere Haftung: jede Fahrlässigkeit (vgl. § 287: Verantwortlichkeit während des Verzugs)
  - schuldunabhängige Einstandspflicht: **Garantieübernahme, Beschaffenheitsgarantie** (einer Sache, § 443 I), Haltbarkeitsgarantie (§ 443 II), **Übernahme des Beschaffungsrisikos** (vgl. § 276 I 1, 2. Alt.), Geldschuld („Geld hat man zu haben")
  - möglicher **Haftungsausschluss** gem. §§ 827, 828
  - **Zurechnung fremden Verschuldens** (§ 278): Der Schuldner hat das Verschulden seines **Erfüllungsgehilfen** in gleichem Umfang zu vertreten wie eigenes Verschulden.

Allgemeine Prüfschemata

Auf einen Blick

Prüschema – Alles erfüllt?

Übrigens ... Schadensersatz statt der Leistung und Rücktritt können nebeneinander geltend gemacht werden.

- Schuldverhältnis ✓ ✗
- Pflichtverletzung ✓ ✗
- Fristsetzung (Entbehrlichkeit?) ✓ ✗
- kein Ausschluss ✓ ✗
- Rücktrittserklärung ✓ ✗
- Vertretenmüssen ✓ ✗
- Kausalität ✓ ✗

→ Rücktritt
→ SE statt der Leistung
→ SE neben der Leistung

Rücktritt und Schadensersatz

Prüfschema: Rücktritt § 323 I (Nicht- oder Schlechtleistung)

Folgen des Rücktritts (§§ 346 ff.): Erlöschen der Primärleistungspflichten (Befreiungswirkung); Pflicht, empfangene Leistungen zurückzugewähren und gezogene Nutzungen herauszugeben (wenn nicht möglich: Wertersatz, § 346 II, Nr. 1 – 3; entfällt in den Fällen des § 346 III)

- **1. gegenseitiger Vertrag:** i. d. R. Kaufvertrag gem. §§ 145, 147, 433
- **2. Pflichtverletzung:** Nichtleistung (§ 323 I, 1. Alt.) oder Schlechtleistung (§ 323 I, 2. Alt.)
- **3. erfolglose Fristsetzung oder Entbehrlichkeit** (§ 323 II, Nr. 1 – 3): siehe S. 37 Fristsetzung
- **(4. Erheblichkeit der Pflichtverletzung** (§ 323 V): nur bei Schlechtleistung zu prüfen!)
- **5. kein Ausschluss des Rücktrittsrechts** (§ 323 VI): Gläubiger ist für den Umstand, der ihn zum Rücktritt berechtigen würde, nicht allein oder weit überwiegend verantwortlich; Gläubiger nicht im Verzug der Annahme (= Gläubigerverzug)
- **6. Rücktrittserklärung** (§ 349): muss gegenüber Schuldner erklärt werden (Gestaltungsrecht)
- **Rechtsfolge:** Gläubiger kann vom Vertrag zurücktreten; Folgen nach §§ 346 ff., i. d. R. § 346 I

Hinweis: denkbar auch Rücktritt wegen Sorgfalts-/Schutzpflichtverletzung (§ 324 i. V. m. § 241 II)

Prüfschema SE neben der Leistung § 280 I

Gläubiger verlangt weiterhin die **Leistung** und **daneben SE**

- **1. Schuldverhältnis:** z. B. Kaufvertrag (§§ 145, 147, 433), Schutz- und Sorgfaltspflichten (§ 241 II), vorvertragliches Schuldverhältnis (§§ 311 II, 241)
- **2. Pflichtverletzung:** Verzögerung der Leistung und Verzug, Verletzung von Schutz-/Sorgfaltspflichten, Mangelfolgeschaden

RECHT DER LEISTUNGSSTÖRUNGEN

- **3. Vertretenmüssen:** wird gem. § 280 I 2 vermutet; Schuldner muss nachweisen, dass er die Pflichtverletzung nicht zu vertreten hat (= **Exkulpation**); Schuldner hat gem. § 276 I grundsätzlich Vorsatz und Fahrlässigkeit (§ 276 II) zu vertreten
- **4. Kausalität:** Pflichtverletzung muss ursächlich (adäquat kausal) für den Schaden sein
- **Rechtsfolge:** Ersatz des **entstehenden Schadens** (Folgen nach §§ 249 ff.)
    - § 249 I (Naturalrestitution): Schädiger muss selbst den Zustand herbeiführen, der ohne die Schädigung bestanden hätte (sog. positives Interesse); § 249 II: Zahlung des hierfür (Herstellung des Zustands) erforderlichen Geldbetrags
    - § 252: Ersatz des entgangenen Gewinns
    - § 253 I, II: Schmerzensgeld

Prüfschema SE statt der Leistung §§ 280 I, III, 281 I 1, 1.Alt [§ 282]

Gläubiger verlangt SE **anstatt** der Leistung

- **1. Schuldverhältnis:** siehe S. 38
- **2. Pflichtverletzung:** siehe S. 38
- **3. erfolglose angemessene Frist (§ 281 II):** siehe S. 37 Fristsetzung
- **4. Vertretenmüssen:** siehe oben
- **5. Kausalität (bzgl. Schaden):** siehe oben
- (**6. Erheblichkeit der Pflichtverletzung (281 I 3):** nur bei Schlechtleistung und „großem" SE)
- **Rechtsfolge:** Ersatz **des entstehenden Schadens** (Folgen nach §§ 249 ff.):
    - kein Anspruch mehr auf die Leistung (§ 281 IV)
    - Rückforderung des Geleisteten durch den Schuldner (§ 281 V i. V. m. §§ 346 – 348)

Formen des SE statt der Leistung (§§ 280 I, III, 281 I 1, 2. Alt.)

- **kleiner Schadensersatz:** SE tritt nur **in dem Umfang an die Stelle der Leistung, in dem sie nicht wie geschuldet erbracht wurde**, und ersetzt zumindest den durch die Schlechtleistung bedingten Minderwert. *Beispiel:* A verkauft B ein Auto im Wert von 20.000 Euro. An dem Auto sind die Scheibenwischer im Wert von 25 Euro defekt. Im Wege des kleinen Schadensersatzes würde B den mangelbedingten Minderwert i. H. v. 25 Euro ersetzt bekommen.
- **großer Schadensersatz** (= SE statt der ganzen Leistung): Der SE tritt **vollumfänglich** an die **Stelle** der ursprünglich geschuldeten Leistung. Zusätzlich kann der Gläubiger weitere Schäden infolge der nicht vertragsgemäßen Leistung, z. B. entgangener Weiterveräußerungsgewinn, verlangen. *Beispiel:* A verkauft B ein Auto im Wert von 20.000 Euro. Dieses hat kurze Zeit später einen Getriebeschaden i. H. v. 5.000 Euro. B erhält den gezahlten Kaufpreis als Mindestschaden zurück, muss aber das Auto zurückgeben. Würde B ein Weiterveräußerungsgewinn von 2.000 Euro (aufgrund des Getriebeschadens) entgehen, erhält er diesen ebenfalls ersetzt.

Aufwendungsersatz § 284

- Ersatz der Aufwendungen, die dem Gläubiger entstanden sind, weil er auf den Erhalt der Leistung vertraut hat (**Vertrauensschaden**, negatives Interesse; nicht: Aufwendungen, z. B. Transportkosten, die im Zusammenhang mit der Pflichtverletzung stehen!); *Beispiel:* P kann die Playstation nicht liefern; A hat im Vertrauen auf die Leistung schon ein Spiel im Wert von 50 Euro gekauft.

RECHT DER LEISTUNGSSTÖRUNGEN

Schutzpflichten und vorvertragliche Pflichten

Auf einen Blick

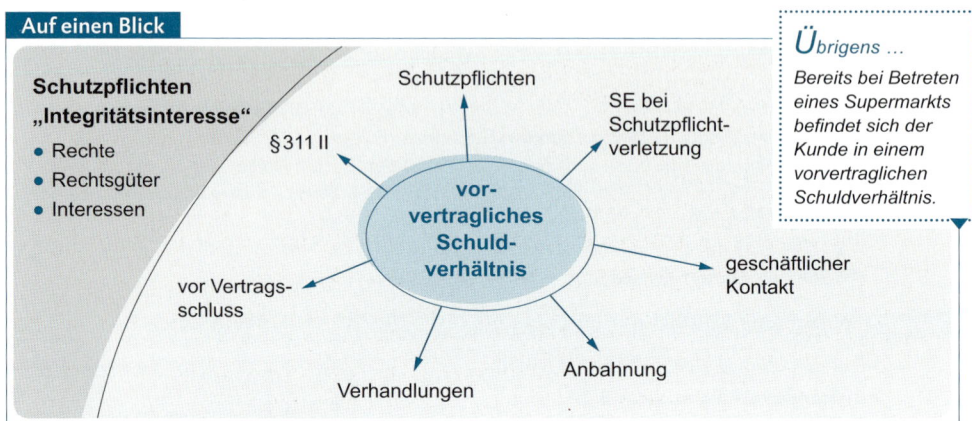

Schutzpflichten „Integritätsinteresse"
- Rechte
- Rechtsgüter
- Interessen

Übrigens ... Bereits bei Betreten eines Supermarkts befindet sich der Kunde in einem vorvertraglichen Schuldverhältnis.

Verletzung einer Schutzpflicht

- Die Vertragsparteien haben gegenseitig auf die **Rechte**, **Rechtsgüter** oder **Interessen** des anderen Teils Rücksicht zu nehmen (Schutz des **Integritätsinteresses**), z. B. Aufklärungspflichten, Sorgfaltspflichten, Obhutspflichten.

Fallbeispiel „Das vertauschte Benzin"

Automobilhändler A bezieht Kraftstoffe für eine Tankanlage auf seinem Betriebsgelände. Aus Nachlässigkeit werden vom Lieferanten L dabei versehentlich der für Superbenzin vorgesehene Tank mit Dieselkraftstoff und der für Dieselkraftstoff bestimmte Behälter mit Superbenzin gefüllt. Dadurch entstehen an mehreren Fahrzeugen erhebliche Motorschäden.

→ denkbare Ansprüche:

SE neben der Leistung (§§ 280 I, 241 II, Regelfall)

1. **Schuldverhältnis:** Werklieferungsvertrag gem. §§ 145, 147, 650 (Anwendung des Kaufrechts) zwischen A und L über Kraftstoffe
2. **Pflichtverletzung:** Sorgfaltspflichtverletzung nach § 241 II (Rechtsgutverletzung, Interessen)
3. **Vertretenmüssen:** Vermutung des Vertretenmüssens gem. § 280 I 2; grundsätzlich hat L gem. § 276 I Vorsatz und Fahrlässigkeit [Verschulden] zu vertreten; L hat die Tankbehälter versehentlich mit dem falschen Kraftstoff befüllt (vgl. § 276 II) → L handelte fahrlässig.
4. **Kausalität (Schaden):** Durch das falsche Befüllen des Superbenzintanks mit Diesel wurden die Motorschäden an den Fahrzeugen verursacht.

Ergebnis: L muss den Schaden gem. §§ 280 I, 249 II 1 ersetzen.

SE statt der Leistung (§§ 280 I, III, 282, Sonderfall)

Ergänzung im Fallbeispiel „Das vertauschte Benzin": Tanklastwagenfahrer trinkt während des Betankens Alkohol und wird dadurch unsicherer

1. – 4.: siehe oben

RECHT DER LEISTUNGSSTÖRUNGEN

Schutzpflichten und vorvertragliche Pflichten

5. Unzumutbarkeit der weiteren Leistung durch den Schuldner
Ergebnis: L muss den Schaden gem. §§ 280 I, 249 II 1 ersetzen; der gezahlte Kaufpreis ist von L gem. §§ 281 V, 346 I zurückzugewähren.

Rücktritt vom Vertrag gem. § 324

1. Vorliegen eines gegenseitigen Vertrags: siehe oben
2. Pflichtverletzung: siehe oben
3. Unzumutbarkeit des weiteren Festhaltens am Vertrag (vgl. Ergänzung des Fallbeispiels)
Ergebnis: A kann vom Vertrag mit L zurücktreten.

Verletzung einer vorvertraglichen Pflicht (§ 311 II)

- **Voraussetzung für SE gem. § 280 I:** Verletzung einer Pflicht aus einem **bestehenden Schuldverhältnis**; vorher keine Pflichten, die verletzt werden können
- **aber:** Entstehen eines **vorvertraglichen Schulverhältnisses** (§ 311 II):
  – **Aufnahme von Vertragsverhandlungen** (§ 311 II, Nr. 1)
  – **Anbahnung eines Vertrags**, bei welcher eine der Vertragsparteien der anderen die Möglichkeit zur Einwirkung auf seine Rechte, Rechtsgüter und Interessen gewährt oder ihm diese anvertraut (§ 311 II, Nr. 2)
  – **ähnliche geschäftliche Kontakte** (§ 311 II, Nr. 3)
- **Schutzpflichten** gem. § 241 II → Beispiele für **Verletzung einer Schutzpflicht:**
  – Bei der Vertragsanbahnung wird das Integritätsinteresse beeinträchtigt, z. B. Verletzung des Eigentums oder des Körpers.
  – Eine Vertragspartei führt schuldhaft die Unwirksamkeit des Vertrags herbei oder informiert pflichtwidrig nicht über Umstände, die zur Unwirksamkeit des Vertrags führen (Nichtzustandekommen von Verträgen).
  – Eine Vertragspartei bricht treuwidrig die Verhandlungen ab und schädigt damit die andere Partei, die auf das Zustandekommen des Vertrags vertraut hat.
  – Der Vertrag kommt aufgrund der Verletzung einer Aufklärungspflicht oder Wahrheitspflicht (Täuschung) zustande.
- **Rechtsfolge:** (einfacher) SE nach §§ 280 I, 311 II, 241 II; Folgen gem. §§ 249 ff.

Fallbeispiel „Wohnungsrenovierung"

A holt bei B einen Kostenvoranschlag für die Renovierung der Wohnung ein. Am nächsten Tag kommt B (Inhaber der Firma) vorbei, um sich die beabsichtigten Arbeiten anzuschauen. B stößt beim Verlassen des Wohnzimmers aus Versehen gegen einen Glasschrank. Die Scheibe hat einen Sprung.
Ein Vertrag zwischen A und B ist noch nicht zustande gekommen, somit besteht kein Schuldverhältnis. Gem. § 311 II, Nr. 2 bahnt sich durch die Einholung des Kostenvorschlags allerdings ein Vertrag an. Zudem gewährt A dem B durch das Einlassen in seine Wohnung erhöhte Einwirkungsmöglichkeiten auf seine Rechtsgüter. Dementsprechend ist ein vorvertragliches Schuldverhältnis nach § 311 II, Nr. 2 zustande gekommen. Hier liegt eine Schutzpflichtverletzung nach § 241 II durch die Beschädigung des Glasschranks vor.

42 Verspätung der Leistung

Auf einen Blick

Verspätung der Leistung → Pflichtverletzung → SE statt der Leistung (Voraussetzungen prüfen)

Rücktritt (Voraussetzungen prüfen)

Schuldnerverzug

- Verzögerungsschaden (SE neben der Leistung)
- Haftungsverschärfung
- Verzugszinsen

Voraussetzungen für den Verzug:
- Vertretenmüssen
- Nichtleistung
- Fälligkeit
- Möglichkeit
- Mahnung (Entbehrlichkeit?)

Übrigens ... Nicht vergessen: Schadensersatz setzt immer ein Vertretenmüssen voraus!

Verspätung der Leistung beim Kauf

- Schuldner erbringt **fällige** und **mögliche** Leistung nicht rechtzeitig
- Rechtsfolgen bei **Nichtleistung** oder **Schuldnerverzug**
  – Nichtleistung (Leistung wird nicht erbracht): **Rücktritt vom Vertrag** (§ 323 I 1. Alt.), **SE statt der Leistung** (§§ 280 I, III, 281 I 1, 1. Alt.)
  – **Schuldnerverzug neben der Leistung** (Leistung wird verspätet erbracht): Verzögerungsschaden (§§ 280 II, 286)

Rücktritt vom Kaufvertrag bei verspäteter Leistung (§ 323 I, 1. Alt)

- **Pflichtverletzung:** Der Schuldner hat **trotz Möglichkeit und Fälligkeit** nicht geleistet.
- **Fälligkeit:** Zeitpunkt, ab dem der Gläubiger die Leistung vom Schuldner verlangen kann
  – Ist **keine Leistungszeit bestimmt**, kann der **Gläubiger** die Leistung **sofort verlangen** und der **Schuldner** die Leistung **sofort bewirken** (vgl. § 271 I; *Beispiel:* Barzahlungsgeschäft). **Ausnahme:** Verbrauchsgüterkauf (Unternehmer – Verbraucher) → Gläubiger kann die Leistung nur **unverzüglich**, d. h. ohne schuldhaftes Zögern, verlangen (häufig aber auch hier Barzahlungsgeschäfte; *Beispiel:* A kauft beim Bäcker B drei Brötchen.)
  – Ist eine **Leistungszeit bestimmt**, so ist anzunehmen, dass der Schuldner die Leistung vorher bewirken kann, der Gläubiger die Leistung aber nicht vorher verlangen kann (vgl. § 271 II).
- **Fristsetzung:** erfolglos oder entbehrlich
- Der Rücktritt vom Vertrag setzt **kein Vertretenmüssen** voraus.

SE statt der Leistung bei verspäteter Leistung (§§ 280 I, III, 281 I 1, 1. Alt.)

- Möchte der Gläubiger aufgrund der Verspätung die Leistung nicht mehr und es ist ihm ein Schaden entstanden, kann er gem. §§ 280 I, III, 281 I 1, 1. Alt. SE statt der Leistung verlangen.
- Das Recht auf SE und Rücktritt können **nebeneinander** geltend gemacht werden (vgl. § 325).

RECHT DER LEISTUNGSSTÖRUNGEN

Verspätung der Leistung

Verzugsschaden (§§ 280 II, 286; Schuldnerverzug)

→ Gläubiger will die Leistung **weiterhin verlangen** und nur den durch die Verzögerung entstandenen Schaden ersetzt bekommen (<> Rücktritt, SE statt der Leistung)

Voraussetzungen für Schuldnerverzug (§ 286)

- **1. fälliger Erfüllungsanspruch:** Der Schuldner hat bis zum Fälligkeitstermin nicht geleistet.
- **2. Nichtleistung trotz Möglichkeit**
- **3. Mahnung:** An den Schuldner gerichtete, eindeutige und bestimmte **Aufforderung** des Gläubigers, die geschuldete Leistung unverzüglich zu erbringen; Fristsetzung erfüllt automatisch die Anforderungen an eine Mahnung; Eintreten des **Verzugs auch ohne Mahnung**, wenn...
  – für die Leistung eine **Zeit nach dem Kalender** bestimmt ist (§ 286 II, Nr. 1)
  – die Leistung zu einer **kalendermäßig berechenbaren und angemessenen Zeit** nach einem **bestimmten Ereignis** zu erfolgen hat (§ 286 II, Nr. 2; z. B. *14 Tage nach Lieferung, innerhalb von 10 Tagen nach Rechnungszugang*)
  – der Schuldner die Leistung **ernsthaft und endgültig verweigert** (§ 286 II, Nr. 3)
  – **besondere Gründe** vorliegen, die unter Abwägung beiderseitiger Interessen den sofortigen Verzugseintritt rechtfertigen (§ 286 II, Nr. 4; z. B. *offenkundige Dringlichkeit wie Reparatur eines Wasserhahns; Selbstmahnung, d. h., der Schuldner kündigt Leistung ausdrücklich an*)
  – es sich um **Entgeltforderungen** handelt; nach § 286 III Verzug auch ohne Mahnung, wenn nicht innerhalb von 30 Tagen nach Fälligkeit und Zugang einer Rechnung geleistet wird (gegenüber Verbrauchern besonderer Hinweis nötig; Verzugseintritt kann auch früher herbeigeführt werden, dann aber Mahnung nötig)
- **4. Vertretenmüssen** (§ 286 IV): **wird vermutet**; Schuldner muss beweisen, dass er den Verzugseintritt nicht zu vertreten hat

Rechtsfolgen des Schuldnerverzugs

- **SE neben der Leistung (§§ 280 I, II, 286): Ersatz des Verzögerungsschadens** (§§ 249 ff.):
  – Mietzahlungen für Ersatzsachen
  – entgangener Gewinn, wenn gewinnbringender Weiterverkauf aufgrund Verspätung scheitert
  – Kosten der Rechtsverfolgung (Anwaltskosten), die nach dem Verzugseintritt entstanden sind
  – **kein Verzögerungsschaden(!):** Kosten für die verzugsbegründete Mahnung, d. h. die Mahnung, die den Schuldner erst in Verzug setzt
- **Haftungsverschärfung** (§ 287):
  – Der Schuldner hat während des Verzugs **jede Fahrlässigkeit** zu vertreten (§ 287 1).
  – Der Schuldner haftet während des Verzugs auch für **zufällig eintretende Leistungsstörungen**. Da der Zufall auch höhere Gewalt einschließt, bedeutet dies eine erhebliche Haftungsausweitung für den Schuldner (§ 287 2).
- **Verzugszinsen** (§ 288 als eigene Anspruchsgrundlage):
  – Bei einer Geldschuld hat der Schuldner für den Zeitraum des Verzugs Verzugszinsen zu entrichten (§ 288 I).
  – Gläubiger kann Verzugszinsen auch ohne eintretenden Schaden verlangen
  – Verzugszinssatz fünf Prozentpunkte über Basiszinssatz (§ 247 I)

RECHT DER LEISTUNGSSTÖRUNGEN

Fallbeispiele: Verspätung der Leistung

Fallbeispiel „Auf dem Weihnachtsmarkt"

Glühweinstandbetreiber G benötigt zum Start des Weihnachtsmarkts am Abend des 26.11. einen Glühweinkochtopf, da sein alter kaputt gegangen ist. G bestellt und bezahlt am 23.11. beim Hersteller H einen Glühweinkochtopf mit Thermostat für 250 Euro. Beide vereinbaren, dass der Kochtopf bis zum 26.11., 12:00 Uhr, geliefert wird, da G ihn zu Beginn des Weihnachtsmarkts am Abend des 26.11. benötigt. Als der Kochtopf am Nachmittag des 26.11. noch nicht geliefert wurde, fährt G in einen örtlichen Fachhandel und kauft das gleiche Modell für 300 Euro (sog. Deckungskauf). Am 28.11. wird der Kochtopf an G geliefert.

Fragen
- Kann G vom Kaufvertrag zurücktreten und den Kaufpreis i. H. v. 250 Euro von H zurückverlangen?
- Kann G die Mehrkosten i. H. v. 50 Euro und die Erstattung der Fahrtkosten (Sprit) von H verlangen?

Rücktritt und Rückzahlung des Kaufpreises gem. §§ 323 I, 1. Alt., 346 I
- **1. gegenseitiger Vertrag:** Kaufvertrag gem. §§ 145, 147, 433 zwischen G und H über einen Glühweinkochtopf, Lieferung bis 26.11., 12:00 Uhr
- **2. Pflichtverletzung:** verspätete Leistung, da H den Topf am 26.11. trotz Möglichkeit und Fälligkeit (26.11., 12:00 Uhr) nicht liefert, vgl. § 271 II
- **3. erfolglose Fristsetzung oder Entbehrlichkeit**
  – **keine Fristsetzung** von G an H
  – Fristsetzung auch **nicht** gem. § 323 II, Nr. 1–3 **entbehrlich**; relatives Fixgeschäft liegt nicht vor, da G gegenüber H **nicht ausdrücklich erwähnt** hat, dass der Vertrag mit der spätesten Leistung bis 26.11., 12:00 Uhr, „stehen und fallen" soll
- **Ergebnis: kein Rücktritt** vom Kaufvertrag mit H möglich, ein **Anspruch auf Rückzahlung** gem. §§ 346 I, 323 I, 1. Alt. **besteht somit nicht** [H bleibt weiterhin zur Leistung verpflichtet.]

Abwandlung Fallbeispiel „Auf dem Weihnachtsmarkt": G teilt H bei Vertragsschluss mit, dass er im Falle einer nicht rechtzeitigen Lieferung kein Interesse mehr an dem Glühweinkochtopf hat.

- **3. Fristsetzung** gem. § 323 II, Nr. 2 entbehrlich
- **4. kein Ausschluss des Rücktrittsrechts nach § 323 VI:** G ist nicht allein oder weitüberwiegend verantwortlich; die Verzögerung der Leistung beruht allein auf Versäumnis des H; G befand sich auch nicht im Verzug der Annahme
- **5. Rücktrittserklärung:** G muss den Rücktritt gegenüber H erklären, § 349
- **Ergebnis:** G könnte vom Kaufvertrag zurücktreten und den Kaufpreis i. H. v. 250 Euro gem. § 346 I von H zurückverlangen.

SE statt der Leistung. gem. §§ 280 I, III, 281 I 1, 1. Alt. i. V. m. § 249 I, 251 I

Ausgangsfall „Auf dem Weihnachtsmarkt"
- **1. Schuldverhältnis:** siehe oben
- **2. Pflichtverletzung:** siehe oben
- **3. erfolglose Fristsetzung oder Entbehrlichkeit:**
  – **keine Fristsetzung** von G an H

RECHT DER LEISTUNGSSTÖRUNGEN

Fallbeispiele: Verspätung der Leistung

   – Fristsetzung auch **nicht entbehrlich** gem. § 281 II, H verweigert die Lieferung nicht, ebenso liegen keine besonderen Umstände vor, die im beiderseitigen Interesse einen Schadensersatzanspruch rechtfertigen
- **Ergebnis:** G kann die Mehr- und Spritkosten nicht verlangen.

<u>Abwandlung Fallbeispiel „Auf dem Weihnachtsmarkt":</u> G teilt H bei Vertragsschluss mit, dass er im Falle einer nicht rechtzeitigen Lieferung kein Interesse mehr an dem Glühweinkochtopf hat.

- Es **besteht** ebenso kein Schadensersatzanspruch gegen H, da das relative Fixgeschäft, anders als beim Rücktritt, keinen Entbehrlichkeitsgrund für die Fristsetzung darstellt.

Fallbeispiel „Reederei"

Reeder R lässt von der Werft W ein Kreuzfahrtschiff bauen. Als Ablieferungstermin war der 15.05. vereinbart, da das Schiff bereits am 22.05. mit 1.000 Passagieren in See stechen soll. Anfang Mai kentert das fast fertige Schiff bei einem Sturm im Werfthafen, wodurch sich die Fertigstellung verzögert. W hatte es versäumt, die Außenschotten des Schiffes rechtzeitig zu schließen, so dass Wasser eindrang. Da W das Schiff nicht rechtzeitig abliefert, entgeht R ein Gewinn von 3,5 Mio. Euro.

SE neben der Leistung wegen Verzögerung (§§ 280 I, II, 286)

Tatbestandsmerkmale § 280 I
- **1. Schuldverhältnis:** Werklieferungsvertrag zwischen R und W gem. § 650; Lieferung einer zu erzeugenden Sache (Kreuzfahrtschiff)
- **2. Pflichtverletzung:** W war verpflichtet, das Schiff am 15.05. an R abzuliefern, somit war die Leistung gem. §§ 271 I, II am 15.05. fällig. W lieferte das Schiff nicht rechtzeitig. → Nichtleistung trotz Fälligkeit
- **3. Vertretenmüssen**: W hat die Umstände, die zur verspäteten Ablieferung des Schiffes führten, nämlich das Kentern des Schiffes infolge geöffneter Außenschotten zumindest fahrlässig gem. § 276 II verursacht; W muss die Pflichtverletzung gem. § 280 I 2 vertreten.
- **4. Kausalität bzgl. Schaden:** R entgeht durch die nicht rechtzeitige Ablieferung ein Gewinn i. H. v. 3,5 Mio. Euro.

Tatbestandsmerkmale § 286
- **1. fälliger Erfüllungsanspruch:** gegeben, da R die Ablieferung ab dem 15.05. verlangen konnte
- **2. Nichtleistung trotz Möglichkeit:** Leistung grundsätzlich möglich, was die verspätete Ablieferung zeigt
- **3. Mahnung oder Entbehrlichkeit der Mahnung:** R mahnt nicht; Mahnung gem. § 286 II, Nr. 1 entbehrlich, da eine Zeit nach dem Kalender bestimmt war; R und W hatten die Ablieferung des Schiffes für den 15.05. vereinbart
- **4. Vertretenmüssen gem. § 286 IV:** siehe oben
- **Rechtsfolge**: Ersatz des Verzögerungsschadens, d. h. des Schadens, der infolge der verspäteten Leistung eingetreten ist (§§ 249 I, 252) → Aufgrund der verspäteten Ablieferung des Schiffes konnte R eine Kreuzfahrt mit 1.000 Passagieren nicht durchführen, sodass ihm ein Gewinn von 3,5 Mio. Euro entging.
- **Ergebnis:** R kann von W Schadensersatz wegen Verzögerung der Leistung i. H. v. 3,5 Mio. Euro gem. §§ 280 I, II 286 verlangen.

RECHT DER LEISTUNGSSTÖRUNGEN

Mangelhafte Leistung beim Kauf

Übrigens ... Gewährleistung und Garantie sind nicht dasselbe. Die Gewährleistung ist gesetzlich geregelt, Garantien bieten Hersteller/Händler freiwillig an.

Änderungen im BGB: Zum 1. Januar 2022 traten u. a. für den Bereich Verbraucherverträge und insbesondere auch für den Sachmangel teilweise neue Regelungen in Kraft. Halten Sie mit Ihrer Lehrkraft Rücksprache, ob diese Änderungen für Ihre Prüfung relevant sind.

Sachmangelarten

- Verkäufer ist verpflichtet, die Sache dem Käufer **frei von Sach- und Rechtsmängeln** zu verschaffen (§ 433 I 2)
- allgemein: Eine Sache ist mangelhaft, wenn die **Ist-Beschaffenheit** für den Käufer **negativ/ungünstig** von der **Soll-Beschaffenheit** abweicht.
- Zur Beschaffenheit einer Sache gehören v. a. die natürlichen Eigenschaften (= wertbildende Faktoren, z. B. Material, Farbe, Größe).
- zentrale **Norm** für die Bestimmung des Mangels: **§ 434**

Mangel an der Sache selbst (§ 434 I 1, 2)

- **Parteivereinbarung (über die Soll-Beschaffenheit):** Sache verfügt nicht über die vereinbarte Beschaffenheit (§ 434 I)
- **vertraglich vorausgesetzte Verwendung:** Sache eignet sich nicht für die nach dem Vertrag vorausgesetzte Verwendung (§ 434 I 2, Nr. 1)
- **gewöhnliche Verwendung und übliche Beschaffenheit:** Sache eignet sich nicht für die gewöhnliche Verwendung (§ 434 I 2, Nr. 2), Fehlen einer Beschaffenheit, die bei Sachen der gleichen Art üblich ist und die der Käufer erwarten kann (§ 434 I 2, Nr. 2)
- **Ergänzung zu § 434 I 2, Nr. 2:** Sache weist nicht die Eigenschaften auf, die der Käufer nach den öffentlichen Äußerungen oder aufgrund von Werbung des Verkäufers, des Herstellers oder seines Gehilfen erwarten kann (§ 434 I 3) **(Beachte Ausnahmen!)**

Mangelhafte Leistung beim Kauf

Mangel im Zusammenhang mit der Montage/Aufbau (§ 434 II)
- unsachgemäße Durchführung der vereinbarten Montage durch Verkäufer oder Erfüllungsgehilfen (§ 434 II)
- Montageanleitung mangelhaft (§ 434 II, sog. „IKEA-Klausel") **(Beachte Ausnahme!)**

Lieferung einer anderen Sache oder zu geringen Menge (§ 434 III)
- Lieferung einer zu geringen Menge (§ 434 III, 2. Alt.)
- Lieferung einer anderen Sache („aliud") (§ 434 III, 1. Alt.)

Voraussetzungen für das Vorliegen eines Sachmangels mit Rechtsfolgen
- § 434 I 1: Mangel muss bei **Gefahrübergang** vorliegen
- § 446 1: Gefahrübergang grundsätzlich der **Zeitpunkt der Übergabe** (§ 854 I)
- § 446 3: Annahmeverzug des Käufers steht Übergabe gleich
- **Versendungskauf:** Gefahr geht bereits mit der **Übergabe der Sache an die Transportperson** über (§ 447 I); (gilt nicht bei einem Verbrauchsgüterkauf nach § 474 I, vgl. § 475 II)
- **Verbrauchsgüterkauf:** Vermutung, dass der Mangel **bereits bei Gefahrübergang** vorlag, wenn er sich **sechs Monate nach Übergabe** zeigt, sofern der Mangel nicht mit der Art der Sache (z. B. Lebensmittel) oder des Mangels (z. B. Umgangs- und Bedienungsfehler) unvereinbar ist (sog. **Beweislastumkehr**; § 477)

Prüfschema Sachmangel
- **Schuldverhältnis:** Vorliegen eines wirksamen Kaufvertrags gem. § 433
- **Pflichtverletzung:** Vorliegen einer Pflichtverletzung nach § 433 I 2, d. h. **Sachmangelhaftigkeit** nach § 434
- Vorliegen des Sachmangels bereits bei **Gefahrübergang** gem. § 446 (Übergabe der Sache); **Beweislastumkehr** nach § 477 beim Verbrauchsgüterkauf beachten!
- kein Ausschluss nach § 442 I: **keine Kenntnis** oder **grob fahrlässige Unkenntnis des Käufers**
- Prüfung der **Voraussetzungen der einzelnen Rechte** (siehe nächste Seite)

Keine Kenntnis oder grob fahrlässige Unkenntnis des Käufers (§ 442 I)
- keine Rechte, wenn Käufer den Mangel **bei Vertragsschluss** schon kannte
- keine Rechte bei **grob fahrlässiger Unkenntnis** des Mangels, sofern **nicht** die in § 442 I 2 genannten Umstände vorliegen (arglistiges Verschweigen des Mangels oder Übernahme einer Beschaffenheitsgarantie durch den Verkäufer, vgl. §§ 444 i. V. m. § 443)

Verjährung der Gewährleistungsansprüche, § 438
- Verjährungsfristen (§ 438 I): bei Neuwaren grundsätzlich **zwei Jahre** (§ 438 I, Nr. 3)
- **Beginn der Verjährungsfrist** mit der **Ablieferung** (Sache gelangt in den Machtbereich des Käufers, i. d. R. nach Übergabe) (§ 438 II)
- Sonderregelung für den Fall des arglistigen Verschweigens (§ 438 III; § 195: regelmäßige Verjährungsfrist 3 Jahre)
- Verjährung der Gewährleistungsansprüche: Schuldner kann die Erfüllung verweigern (§ 214 I)
- Verbrauchsgüterkauf, vgl. § 476 II

RECHT DER LEISTUNGSSTÖRUNGEN

48 Rechte des Käufers bei Sachmangel (I)

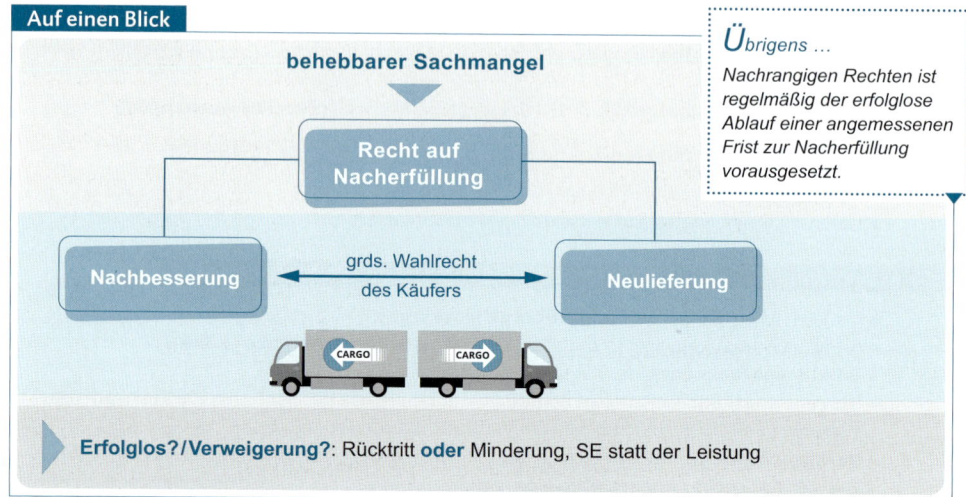

Auf einen Blick

behebbarer Sachmangel → Recht auf Nacherfüllung → Nachbesserung ← grds. Wahlrecht des Käufers → Neulieferung

Übrigens ... Nachrangigen Rechten ist regelmäßig der erfolglose Ablauf einer angemessenen Frist zur Nacherfüllung vorausgesetzt.

Erfolglos?/Verweigerung?: Rücktritt **oder** Minderung, SE statt der Leistung

Rechte des Käufers bei Sachmangel und Voraussetzungen

- **zentrale Norm: § 437;** Verzahnung der Normen der kaufrechtlichen Gewährleistung mit den Normen des allgemeinen Schuldrechts → z. B. Verweis auf die Vorschriften der §§ 280 ff. beim SE statt der Leistung
- §§ 439 ff.: **ergänzende kaufrechtliche Besonderheiten**, so z. B. die **Nacherfüllung** (§ 439), **besondere Vorschriften für SE und Rücktritt** (§ 440) oder **Minderung** (§ 441)

Vorrangiges Recht: Nacherfüllung (§ 437)

- **zunächst Anspruch auf Nacherfüllung:** Dem Verkäufer wird die Möglichkeit gegeben, seine Pflicht aus dem Kaufvertrag (mangelfreie Sache) noch zu erfüllen (sog. Erfüllungstheorie).
- Ziel der Nacherfüllung: Herbeiführung des **vertragsgemäßen Zustands** → **Nacherfüllung vorrangig** gegenüber den weiteren nachrangigen Rechten nach §§ 437, Nr. 2, 3 (Ausnahme: SE neben der Leistung)
- Verkäufer: **Pflicht zur Nacherfüllung** und **Recht der zweiten Andienung** → Grundsatz: *pacta sunt servanda*
- Wahlmöglichkeit des Käufers: **Beseitigung des Mangels** (= **Nachbesserung**, § 439 I, 1. Alt.) oder **Lieferung einer mangelfreien Sache** (= **Ersatzlieferung**, § 439 I, 2. Alt.)
- **Ausnahme:** Der **Verkäufer** kann aufgrund unverhältnismäßig hoher Kosten die vom Käufer **gewählte Art der Nacherfüllung verweigern** und den Kunden auf die **andere Art der Nacherfüllung verweisen** (§ 439 IV).
- **Verkäufer** hat die zum Zwecke der Nacherfüllung erforderlichen **Aufwendungen**, insbesondere Transport-, Wege-, Arbeits- und Materialkosten, **zu tragen** (§ 439 II)
- bei Ersatzlieferung kann der Verkäufer die Rückgabe der mangelhaften Sache verlangen (§ 439 IV)

RECHT DER LEISTUNGSSTÖRUNGEN

Rechte des Käufers bei Sachmangel (I)   49

Nacherfüllung ...		
erfolgreich	**erfolglos**	**entbehrlich**
• Mangel erfolgreich beseitigt • Lieferung einer mangelfreien Sache	• Nachbesserung schlägt **zweimal fehl**, § 440 • Frist verstreicht **ergebnislos**	• Verweigerung, § 440 • Nacherfüllung unzumutbar, § 440 • relatives Fixgeschäft, § 323 • besondere Umstände, § 281 II und § 323 II, Nr. 3
→ Erlöschen des Schuldverhältnisses	→ **Rücktritt** und/oder ggf. **Schadensersatz** statt der Leistung	

Fallbeispiel „Autokauf"

A kauft bei Fahrzeughändler B ein neues Auto zum Preis von 25.000 Euro. Drei Wochen nach Übergabe fällt plötzlich die Beleuchtungsanlage an dem Auto aus (von der dreijährigen Garantie des B abgedeckt). Da das Auto so nicht mehr verkehrssicher ist, muss A mit dem Taxi und dem Zug zu einem Geschäftstermin fahren, wodurch Kosten i. H. v. 198 Euro entstehen. Ursache des Fehlers ist eine vom Hersteller eingesetzte defekte Sicherung im Wert von 4,50 Euro. Als A den Fehler reklamiert, erklärt sich B zur sofortigen und kostenlosen Reparatur bereit.

Anspruchsgrundlage §§ 437, Nr. 1, 439 I, 1. Alt. (Nachbesserung)

- **1. wirksamer Kaufvertrag** zwischen A und B gem. §§ 145, 147, 433
- **2. Vorliegen eines Sachmangels** (Pflichtverletzung, § 433 I 2):
  – Auto eignet sich nicht für die gewöhnliche Verwendung, § 434 I 2, Nr. 2
  – sicherer Gebrauch im Straßenverkehr nicht möglich → Mangel
- **3. Gefahrübergang:**
  – Mangel muss bei Gefahrübergang gem. § 446 1 vorgelegen haben
  – Mangel ist erst drei Wochen nach dem Gefahrübergang aufgetreten
  – Da es sich um einen Verbrauchsgüterkauf zwischen A (Verbraucher, § 13) und B (Unternehmer, § 14) handelt, wird innerhalb der ersten sechs Monate vermutet, dass der Mangel bereits bei Gefahrübergang bestand, § 477.
  – Ausfall der Beleuchtung beruht auf einer vom Hersteller eingesetzten defekten Sicherung
- **4. keine Kenntnis oder grob fahrlässige Unkenntnis**, § 442 I: A kannte den Mangel nicht und hätte ihn auch nicht kennen müssen.
- [**5. Verjährung:** Der Anspruch auf Nacherfüllung ist gem. § 438 I, Nr. 3 nicht verjährt.]
- **Ergebnis:** A hat gegen B einen Anspruch auf die Reparatur der Beleuchtungsanlage.
- Einen Anspruch auf Lieferung eines neuen, mangelfreien Autos hat A nicht. (vgl. § 439 IV, Nachbesserung ohne erhebliche Nachteile für B; B bietet Ersatz der defekten Sicherung, Wert 4,50 Euro, kostenlos an)

RECHT DER LEISTUNGSSTÖRUNGEN

Rechte des Käufers bei Sachmangel (II)

Rücktritt und Minderung, § 437, Nr. 2

- **gegenüber** Nacherfüllung **nachrangig**
- entweder **Rücktritt** (Rückabwicklung des Kaufvertrags) <u>oder</u> **Minderung** (Herabsetzung des Kaufpreises)
- Voraussetzungen identisch, vgl. Wortlaut des § 441 I („statt zurückzutreten"); außer (!): beim **Rücktritt** muss die Pflichtverletzung/der Sachmangel **erheblich** sein

Fortsetzung: Fallbeispiel „Autokauf"

A möchte vom Kaufvertrag mit B zurücktreten und fordert die Rückzahlung der 25.000 Euro Zug um Zug gegen Rückgabe des Autos.

Anspruchsgrundlage: §§ 437, Nr. 2, 1.Alt., 323 I, 2.Alt., 346

- **1. gegenseitiger Vertrag**: siehe oben
- **2. Pflichtverletzung** (Leistung nicht wie geschuldet erbracht, § 323 I, 2. Alt.): Vorliegen eines Sachmangels bei Gefahrübergang (siehe oben)
- **3. angemessene Frist zur Nacherfüllung:** fehlt im vorliegenden Fall; A hat keine Frist zur Nacherfüllung gesetzt
- **4. Entbehrlichkeit der Fristsetzung:** Fristsetzung ist auch nicht nach §§ 323 II, 440 entbehrlich, da die Mangelbeseitigung einerseits möglich ist und andererseits B sich hierzu auch bereit erklärt
- **5. Erheblichkeit der Pflichtverletzung:** Rücktritt auch aufgrund Unerheblichkeit gem. § 323 V 2 ausgeschlossen
- [**6. Rücktrittserklärung:** A hat den Rücktritt gem. § 349 gegenüber B erklärt.]
- *Ergebnis:* A kann nicht vom Vertrag zurücktreten und hat somit auch keinen Anspruch auf die Rückzahlung des Kaufpreises gegen Rückgabe des mangelhaften Autos.
- *Obwohl der Gläubiger auch bei unerheblichen Pflichtverletzungen den Minderungsbetrag (z. B. 4,50 Euro) verlangen kann, ist dies hier nicht möglich, weil auch die Minderung eine erfolglos angemessene Frist zur Nacherfüllung voraussetzt, die nicht erfolgt ist.*

SE neben der Leistung (Mangelfolgeschäden), § 437, Nr. 3

- entsteht aufgrund der Mangelhaftigkeit der Sache ein Schaden nicht an der Sache selbst, sondern an **anderen Rechten, Rechtsgütern** oder **Interessen** des Käufers → **SE neben der Leistung**
- keine vorherige Nacherfüllung nötig, da ein Ersatz von Schäden gefordert wird, auf die die erfolgreiche Nacherfüllung keinen Einfluss hat
- Keine Fristsetzung!
- SE neben der Leistung und Nacherfüllung können parallel verlangt werden.

Fallbeispiel „Autokauf" (siehe oben)

A möchte von B die Taxi- und Bahnkosten ersetzt haben.

RECHT DER LEISTUNGSSTÖRUNGEN

Rechte des Käufers bei Sachmangel (II)

Anspruchsgrundlage: §§ 437, Nr. 3, 280 I

- **1. Schuldverhältnis**: siehe oben
- **2. Pflichtverletzung**: siehe oben
- **3. Vertretenmüssen**: B hat gem. § 276 I Vorsatz und Fahrlässigkeit zu vertreten; hier fraglich (!); aber: Garantie von B, die die Beleuchtungsanlage mit abdeckt; B muss die Pflichtverletzung vertreten
- **4. Kausalität (Schaden)**: Bei Mangelfreiheit hätte A nicht mit dem Taxi und der Bahn zu seinem Termin fahren müssen. → Fahrtkosten wären nicht entstanden; Pflichtverletzung war für den Schaden ursächlich
- **Ergebnis**: A kann von B die Zahlung der Kosten (Taxi- und Bahnfahrt) i. H. v. 198 Euro verlangen.

SE statt der Leistung, § 437, Nr. 3

- **Schaden**: mangelbedingter Minderwert der Sache
- **Mangelunwert** der Sache ist auszugleichen → keine Pflicht mehr zur mangelfreien Verschaffung der Kaufsache durch den Verkäufer
- **Käufer** wird so gestellt, wie er bei **mangelfreier Erfüllung stünde** (→ Ersatz des Erfüllungsinteresses)
- SE statt der Leistung (**kleiner** SE), SE statt der (GANZEN) Leistung (**großer** SE)

Fallbeispiel „Autokauf"

A möchte den mangelbedingten Minderwert i. H. v. 4,50 Euro (defekte Sicherung) von B haben. [**kleiner SE = SE statt der Leistung; erscheint in diesem Fall nicht sinnvoll!**]

Anspruchsgrundlage: §§ 437, Nr. 3, 280 I, III, 281 I 1, 2. Alt.

- **Voraussetzungen** des § 280 I (1.–4.) siehe oben
- **5. Fristsetzung** oder **Entbehrlichkeit**: erforderlich ist eine angemessene Frist zur Nacherfüllung, die erfolglos abgelaufen ist; A hat B keine Frist gesetzt; Fristsetzung ist gem. §§ 281 II, 440 nicht entbehrlich
- **Ergebnis**: kein Anspruch auf Schadensersatz i. H. v. 4,50 Euro von A gegen B

Fallbeispiel „Autokauf"

A möchte den Wert des Fahrzeugs in mangelfreiem Zustand (z. B. Kaufpreis als Schaden) von B ersetzt bekommen (gegen Rückgabe des mangelhaften Autos). Ebenso wäre die Erstattung der Kosten für Taxi und Bahn im Rahmen des großen SE denkbar. [**großer SE = SE statt der ganzen Leistung**]

Anspruchsgrundlage: §§ 437 Nr. 3, 280 I, III, 281 I 1, 2. Alt.

- **Voraussetzungen** des § 280 I (1.–4.) siehe oben
- **5. Fristsetzung** oder **Entbehrlichkeit**: erforderlich ist eine angemessene Frist zur Nacherfüllung, die erfolglos abgelaufen ist; A hat B keine Frist gesetzt; Fristsetzung ist gem. §§ 281 II, 440 auch nicht entbehrlich
- **Ergebnis**: A kann von B keinen SE statt der ganzen Leistung verlangen (Wert des mangelfreien Autos, Taxi- und Bahnkosten).

RECHT DER LEISTUNGSSTÖRUNGEN

52 Verbraucherschutz

Auf einen Blick

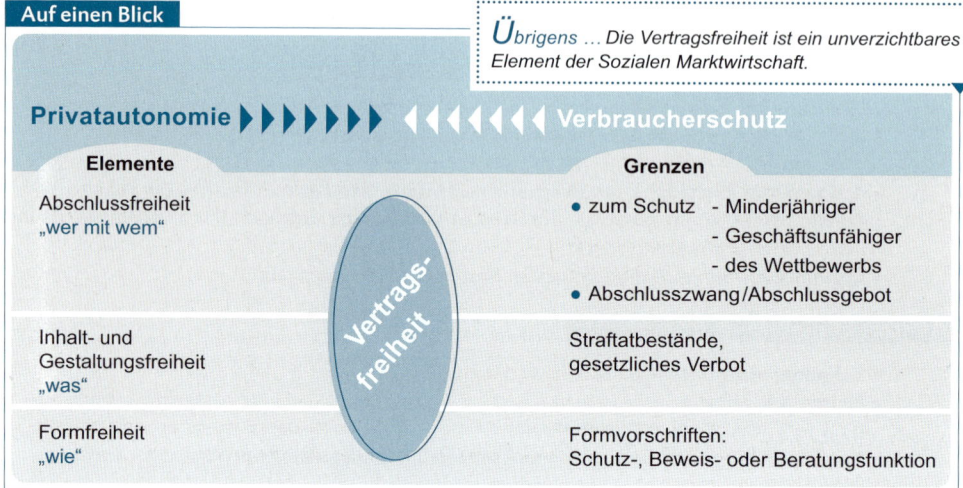

Übrigens ... Die Vertragsfreiheit ist ein unverzichtbares Element der Sozialen Marktwirtschaft.

Vertragsfreiheit in der Sozialen Marktwirtschaft

- **Privatautonomie:** Recht des Einzelnen, eigenverantwortlich rechtsverbindliche Regelungen zu treffen; darunter auch **Vertragsfreiheit**, d. h. Abschluss-, Gestaltungs-/Inhalts- und Formfreiheit (freie Entfaltung der Persönlichkeit, Art. 2 I GG)
- **Freiheit zum Handeln** und **Verantwortlichkeit** für das eigene Handeln

Einschränkungen der Abschlussfreiheit

- Abschlussfreiheit: „ob und mit wem"
- beschränkte Geschäftsfähigkeit zum **Schutz von Minderjährigen** (Zustimmung der Eltern erforderlich)
- **Nichtigkeit von Verträgen** mit **Geschäftsunfähigen** (= ungültig), § 105
- Verbot vertraglicher Preisabsprachen zum **Schutz des freien Wettbewerbs**
- **Abschlusszwang** (Vertragsangebot muss angenommen werden): z. B. öffentliche Versorgungsbetriebe (v. a. bei Monopolstellung), Personenbeförderung, Einlösen von Arzneirezepten
- **Abschlussgebot** (§ 19 AGG): Schutz vor Benachteiligung aus Gründen der Rasse, ethnischer Herkunft, des Geschlechts, der Religion, einer Behinderung, des Alters oder der sexuellen Identität (bei einer Vielzahl von Fällen, Massengeschäften), z. B. Supermarkteinkauf

Einschränkungen: Inhalts- bzw. Gestaltungsfreiheit

- **Inhalts- und Gestaltungsfreiheit:** „was"; freie inhaltliche Ausgestaltung, z. B. Leistung und Gegenleistung, Zahlungs- und Lieferbedingungen
- **Nichtigkeit** des Rechtsgeschäfts bei **Straftatbeständen/gesetzlichen Verboten** (§ 134), z. B. Kaufvertrag über Heroin (vgl. Betäubungsmittelgesetz)
- **Nichtigkeit** von Verträgen, die **gegen die guten Sitten** verstoßen (§ 138 I), z. B. Bestechung

VERBRAUCHERSCHUTZ VS. VERTRAGSFREIHEIT

Verbraucherschutz

- **Verbot von Wuchergeschäften** (§ 138 II), z. B. Kaffeefahrt und damit verbundener Kauf einer Baumwolldecke für 150 Euro

Formfreiheit

- **Formfreiheit:** „wie"; Rechtsgeschäfte bedürfen keiner besonderen Form → z. B. mündlich, schriftlich, konkludentes Handeln
- **Nichtigkeit** bei **Missachtung gesetzlicher Formvorschriften** (§ 125; Schutz-, Warn-, Beweis- und Beratungsfunktion): Schriftform, elektronische Form, Textform, notarielle Beurkundung, öffentliche Beglaubigung (vgl. §§ 126 ff.), z. B. Verkauf eines Grundstücks → notarielle Beurkundung nötig, §§ 311 b, 128

Sonderregelungen beim Verbrauchsgüterkauf (§ 474 ff.)

- **Verbrauchsgüterkauf:** Käufer = Verbraucher (§ 13), Verkäufer = Unternehmer (§ 14), bewegliche Sache
- Sonderregelungen gelten nicht **bei gebrauchten Sachen**, die in einer öffentlichen Versteigerung (§ 383 III) verkauft wurden, an der der Verbraucher persönlich teilnehmen konnte.
- Sonderregelungen beim **Verbrauchsgüterkauf:**
  - § 447 I (Gefahr bei Versendungskäufen) gilt nach § 475 II **nicht** → Gefahr geht gem. § 446 i. d. R. erst **mit der Übergabe der Sache auf den Käufer über**
  - § 476 I: Vertragsparteien dürfen **weder durch Individualabreden noch durch die Allgemeinen Geschäftsbedingungen (AGB) zum Nachteil des Verbrauchers** von den §§ 433 (*Pflichten aus dem KV*) bis 435 (*Definition Sach- oder Rechtsmangels*), 437 (*Rechte des Käufers beim Sachmangel*), 439 (*Nacherfüllung*) bis 443 (*Garantie*) **abweichen**
  - **keine Beschränkung oder Ausschluss der Gewährleistungsrechte** zulässig
  - § 476 II: **abweichende Vereinbarungen** über **Verjährung** der Rechte nach § 437 **unzulässig**, wenn < zwei Jahre bei neuen Sachen oder < ein Jahr bei gebrauchten Sachen
  - § 476 III: Anspruch auf SE kann ausgeschlossen werden, auch durch AGB unter Beachtung der §§ 307 bis 309
  - § 477: **Beweislastumkehr** → erst **nach sechs Monaten** liegt die **Beweislast beim Käufer** (!) (vgl. S. 47)
  - § 479 Sondervorschriften für Garantien: einfach und verständlich (§ 479 I 1); Hinweis auf gesetzliche Rechte des Verbrauchers und darauf, dass diese Rechte durch die Garantie nicht eingeschränkt werden (§ 479 I 2, Nr. 1); Angabe wesentlicher Daten (§ 479 I 2, Nr. 2) (Dauer, räumlicher Geltungsbereich, Name und Anschrift des Garantiegebers)

VERBRAUCHERSCHUTZ VS. VERTRAGSFREIHEIT

54 Besondere Vertriebsformen

Auf einen Blick

Verbrauchervertrag

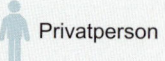 Privatperson  Unternehmer

Widerrufsrecht bei ...
- Vertragsschluss außerhalb der Geschäftsräume
- Fernabsatzverträgen
- E-Commerce

Schutzfunktion
- keine Überrumpelung
- ausreichende Prüfung der Ware und Informationsmöglichkeit
- überlegtes und „gewolltes" Handeln

> **Übrigens ...**
> Deutschland ist bei der Retourenquote im Onlinehandel Spitzenreiter in Europa.

Verbraucherschutzbestimmungen bei besonderen Vertriebsformen

- gilt nur für **Verbraucherverträge** (Verbraucher – Unternehmer, § 310 III)
- § 312: Regelung, welche Vorschriften der §§ 312 bis 312h für die genannten Verbraucherverträge, die eine entgeltliche Leistung des Unternehmers zum Gegenstand haben, gelten
- § 312a: allgemeine Pflichten und Grundsätze bei Verbraucherverträgen; Grenzen der Vereinbarung von Entgelten

Außerhalb von Geschäftsräumen geschlossene Verträge § 312b

- Beispiele: Vertreterbesuche, Verkaufsstände, „Kaffeefahrten"

Voraussetzungen

- **gleichzeitige körperliche Anwesenheit** von Verbraucher und Unternehmer
- Ort ist **kein Geschäftsraum** (= unbeweglicher Gewerberaum, in dem der Unternehmer seine Tätigkeit dauerhaft ausübt, oder beweglicher Gewerberaum, in dem der Unternehmer seine Tätigkeit für gewöhnlich ausübt, vgl. § 312b II)
- oder auch: Vertrag zwar im Geschäftsraum geschlossen, aber **unmittelbar zuvor** persönliche und individuelle Ansprache des Verbrauchers durch den Unternehmer **außerhalb des Geschäftsraums** bei gleichzeitiger Anwesenheit

Funktionen

- **Schutz vor übereiltem Vertragsschluss**
- „Überrumpelung" → unüberlegtes Handeln
- ggf. **fehlende Informationen** zum Produkt, keine eigene Recherche „auf die Schnelle" möglich

 VERBRAUCHERSCHUTZ VS. VERTRAGSFREIHEIT

Besondere Vertriebsformen

Fernabsatzverträge § 312 c

- Beispiele: Teleshopping, Katalogbestellungen

Voraussetzungen

- **ausschließliche** Verwendung von **Fernkommunikationsmitteln** (= Kommunikationsmittel, ohne dass die Vertragsparteien gleichzeitig körperlich anwesend sind: Briefe, Kataloge, Telefonanrufe, Telekopien, E-Mails, Rundfunk, Telemedien, vgl. § 312 c II) im Rahmen der für den Fernabsatz organisierten Vertriebs- und Dienstleistungssysteme (§ 312 c I)
- Vertragsparteien **nicht gleichzeitig körperlich anwesend**

Funktionen

- Schutz **aufgrund der räumlichen Entfernung** des Vertragspartners
- Käufer kann Ware **nicht vor Ort prüfen** (ggf. Farbabweichungen, Funktionsprüfung)
- Schutz vor **unbeabsichtigtem Vertragsschluss**

E-Commerce § 312 i

- Beispiel: Onlineshopping

Voraussetzungen

- **ausschließliche Verwendung von Telemedien** (Vertrag im elektronischen Geschäftsverkehr, § 312 i I); [*zusätzliche* Pflichten gem. § 312 i I, Nr. 1 – 4 und § 312 j I, II, III]

Funktionen

siehe Fernabsatzverträge

Regelungen für diese besondere Vertriebsformen

- Grundsätzlich besteht ein **Widerrufsrecht** gem. §§ 312 g I, 355 I, 356 I; allerdings kein Widerrufsrecht bei Verträgen gem. § 312 g II, Nr. 1 – 13 (z. B. individuelle Anfertigung, schnell verderbliche Waren)
- **Widerrufsfrist** beträgt **mindestens 14 Tage** (§ 355 II 1)
- Frist beginnt erst zu laufen, wenn der Unternehmer den Verbraucher entsprechend unterrichtet hat (vgl. 356 III 1, 312 d I); grundsätzlich mit Vertragsschluss (§ 355 II 2), bei Lieferung mit dem Erhalt der Ware (§ 356 II, Nr. 1 a)
- Widerrufsrecht erlischt **nach spätestens 12 Monaten und 14 Tagen** (auch bei Nichtbelehrung durch den Unternehmer)
- Widerruf muss **keine Begründung** enthalten (§ 355 I 4)
- empfangene Leistungen sind **spätestens nach 14 Tagen zurückzugewähren** (§ 357 I)
- Zahlungen des Verbrauchers für die Lieferung sind grundsätzlich ebenfalls zurückzugewähren (§ 357 II 1); Ausnahme: § 357 II 2
- **Verbraucher trägt die unmittelbaren Kosten** der Rücksendung (Information darüber vor Vertragsschluss, § 357 VI)
- Regelungen zum Wertersatz: § 357 VII

VERBRAUCHERSCHUTZ VS. VERTRAGSFREIHEIT

Überblick: Schuldverhältnisse

	Vertragsart	Paragraphen	Vertragsparteien	Hauptleistungspflicht	Hauptgegenleistungspflicht
Veräußerung	Kauf	§§ 433 – 479	Verkäufer und Käufer	§ 433 I: • Übereignung der Sache, d.h., der Verkäufer muss dem Käufer das Eigentum an der Sache verschaffen • Übergabe der Sache, d.h., der Verkäufer muss dem Käufer den unmittelbaren Besitz an der Sache verschaffen • Sache muss frei von Sach- und Rechtsmängeln sein	§ 433 II: • Zahlung des vereinbarten Kaufpreises • Abnahme der Sache, d.h., der Käufer muss die Sache tatsächlich übernehmen
Veräußerung	Tausch	§ 480	Tauschparteien	Entgelt ist **kein Geld**, sondern eine **andere bewegliche Sache**; ansonsten vgl. Regelungen zum Kauf	
Veräußerung	Schenkung	§§ 516 – 534	Schenker und Beschenkter	§ 516 I: Schenker verpflichtet sich, dem Beschenkten einen Teil seines Vermögens **unentgeltlich** zu übertragen	keine, da einseitig verpflichtender Vertrag
Gebrauchs-überlassung	Miete	§§ 535 – 580a	Vermieter und Mieter	§ 535 I: • dem Mieter den Gebrauch der Sache während der Mietzeit überlassen (§ 535 I 1) • die Mietsache in einem geeigneten Zustand überlassen und erhalten (§ 535 I 2)	• Bezahlung der vereinbarten Miete (§ 535 II) • Rückgabe der Mietsache nach Beendigung des Mietverhältnisses (§ 546 BGB)
Gebrauchs-überlassung	Leihe	§§ 598 – 606	Verleiher und Entleiher	den Gebrauch der Sache unentgeltlich überlassen	(§ 598) • Rückgabe der Sache mit Beendigung der für die Leihe bestimmten Zeit (§ 604) • gewöhnliche Kosten der Erhaltung der Sache tragen (§ 601)
Gebrauchs-überlassung	Sach-darlehen	§§ 607 – 609	Darlehensgeber und -nehmer	Überlassung einer vereinbarten vertretbaren Sache, d.h. Eigentumsübertragung der Sache zum Gebrauch und Verbrauch (§ 607 I)	• Zahlung des Darlehensentgelts • Rückerstattung von Sachen gleicher Art, Güte und Menge bei Fälligkeit (§ 607 I 2)
Gebrauchs-überlassung	Geld-darlehen	§§ 488 – 498	Darlehensgeber und -nehmer	Überlassung eines Geldbetrags in vereinbarter Höhe (§ 488 I 1)	• Zahlung des geschuldeten Zinses (§ 488 I 2) • Rückzahlung des Darlehens bei Fälligkeit (§ 488 I 2)
Dienst-leistungen	Dienst-vertrag	§§ 611 – 630	Dienstpflichtiger und -berechtigter	• Leistung der versprochenen Dienste während der vereinbarten Zeit (§§ 611 I, 620) • im Zweifel, persönliche Vornahme	• Zahlung der vereinbarten oder üblichen Vergütung (§§ 611 I, 612, 614) • Fürsorgepflichten/Schutzmaßnahmen am Arbeitsplatz (§§ 617 – 619)
Dienst-leistungen	Werk-vertrag	§§ 631 – 650	Unternehmer und Besteller	• Herstellung des versprochenen Werkes (§ 631) • Mangelfreiheit des Werkes (§ 633)	• Bezahlung der vereinbarten oder üblichen Vergütung bei Fälligkeit (§§ 631 I, 632, 641) • Abnahme des vertragsmäßig hergestellten Werkes (§ 640 I)
Dienst-leistungen	Werkliefe-rungsvertrag	§ 650	Unternehmer und Besteller	Unterschied zum Werkvertrag: **Herstellung und Lieferung** beweglicher Sachen, Anwendung des Kaufrechts	
Dienst-leistungen	Auftrag	§§ 662 – 674	Beauftragter und Auftraggeber	• unentgeltliche Besorgung des übertragenen Geschäfts (§ 662) • Pflicht zur Herausgabe von allem, was im Rahmen der Erledigung des Auftrags erlangt wird (§ 667) • Auskunft- und Rechenschaftspflicht über das Geschäft gegenüber dem Auftraggeber (§ 666)	Ersatz von Aufwendungen, die dem Beauftragten im Rahmen der Erledigung des Geschäfts entstehen (§ 670) (keine Gegenleistung

Abi geschafft – **und jetzt**

- Ausbildung machen zum*zur Tierfuttertester*in?
- Duales Studium im Bereich Holztechnik?
- Oder Studium der Provinzialrömischen Archäologie?
- Erstmal in ein Klingonisch-Sprachcamp?

Bei der Orientierung im Ernst des Lebens helfen unsere Ratgeber zur Studien- und Berufswahl

 www.pearson.de **STARK**

 Abschluss in der Tasche!

Und jetzt – Studium oder Ausbildung?

But what about **your** English?

Jetzt **gratis** Englischtest machen!

www.pearson.de/englischtest

Hä? [hɛ(ː)]
Ausdruck des Unwissens oder Nichtverstehens

Ah! [ʔaː]
Ausdruck des (plötzlichen) Verstehens

Wie bitte? Das hab ich jetzt aber wirklich nicht verstanden – in aller Kürze bringen die beiden Buchstaben „Hä" auf den Punkt, wenn eine Information bei ihrem Empfänger nicht richtig angekommen ist.
Ein „Hä" macht das Problem „Info nicht angekommen" offensichtlich und fordert zugleich den Sender zur Konkretisierung oder Vereinfachung derselben auf.

Es verweist aber auch auf den uns allen bekannten Gedanken:

„Ich weiß nicht, wie es weitergeht."

Was soll ich nach meinem Abi machen? Wie kann ich mich auf mein Wunsch-Studium vorbereiten?

Das sind nur zwei Fragen, die viele Abiturient*innen beschäftigen.

Es hat Klick gemacht: Die gesendete Information ist beim Empfänger angekommen und verstanden worden. Vielleicht hat sie ein paar mehr oder weniger überraschende Erkenntnisse hervorgerufen oder eine weiterführende Diskussion angeregt, die die Idee weiterentwickelt und das Wissen wachsen lässt.
Solche **Hä?-Ah!-Situationen** zeigen, dass der Austausch und das Teilen von Informationen entscheidend sind für ein gemeinsames Vorankommen. Wir helfen dir dabei, deinen Weg zu finden und begleiten dich auch während des Studiums. Denn tagtäglich beschäftigen wir uns mit dem **Hä?-Ah!-Phänomen** und haben verstanden, was das Wichtigste an unseren Büchern und digitalen Lernangeboten ist: ihre Fähigkeit, aus einem „Hä" ein „Ah" zu machen und dich damit voranzubringen.

Ah! Hier kannst du dir einen Einblick in unsere digitalen Angebote verschaffen – beispielhaft im Bereich Marketing. Aber natürlich decken wir auch (fast) alle anderen Studienbereiche ab.

Also schau vorbei unter:
www.pearson.de/studium